Contraste insuffisant des couvertures
supérieure et inférieure

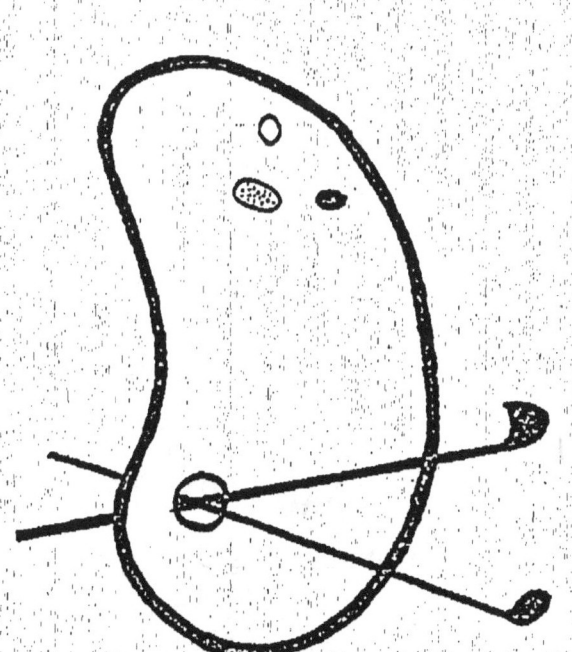

COUVERTURE SUPERIEURE ET INFERIEURE
EN COULEUR

GUIDE
DES BAIGNEURS
ET DES
TOURISTES
AUX SABLES-D'OLONNE

NAPOLÉON-VENDÉE
IMPRIMERIE Vᵉ IVONNET, RUES LAFAYETTE ET DE LA PRÉFECTURE

1866

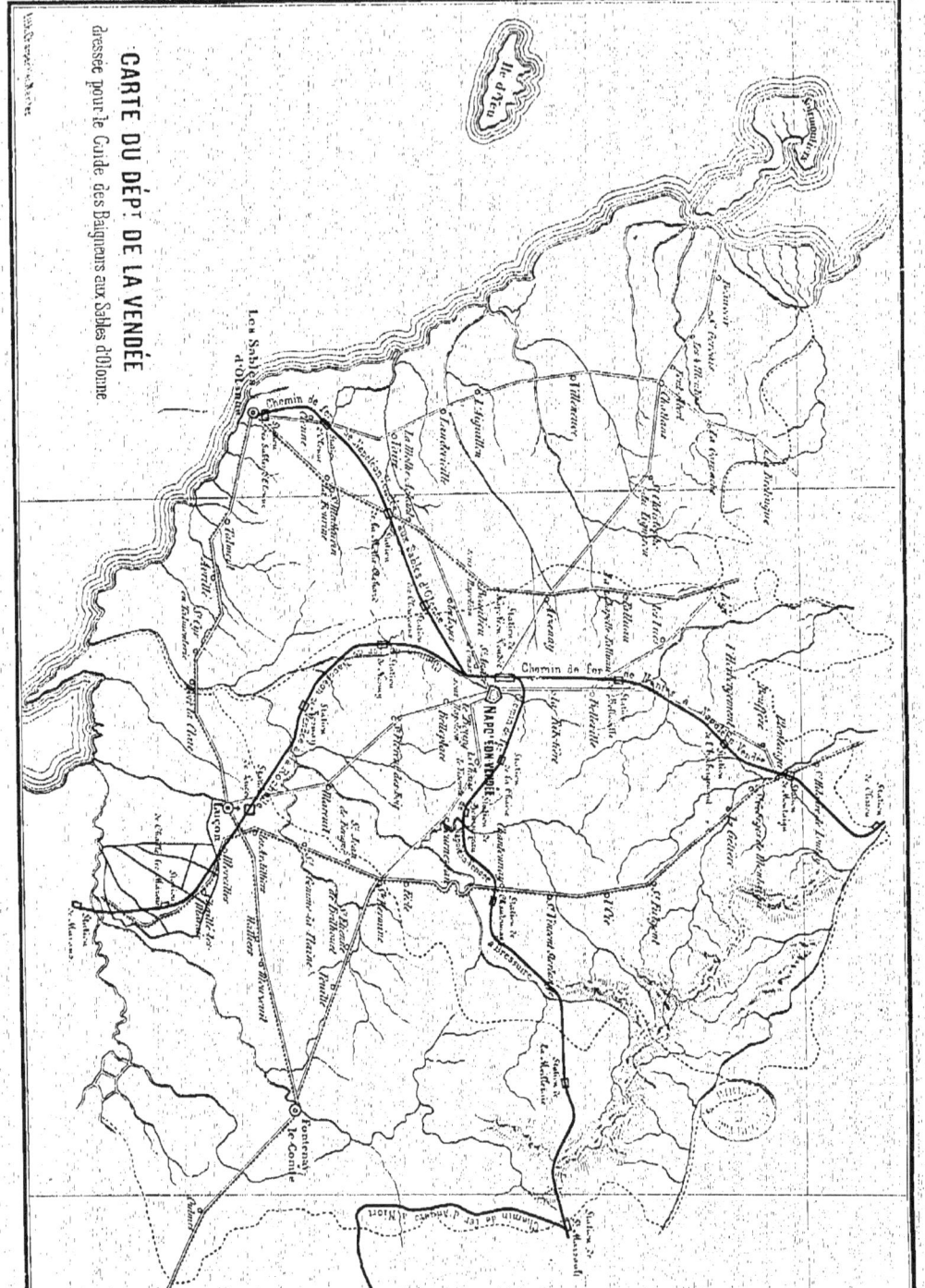

GUIDE DES BAIGNEURS & DES TOURISTES

AUX SABLES-D'OLONNE

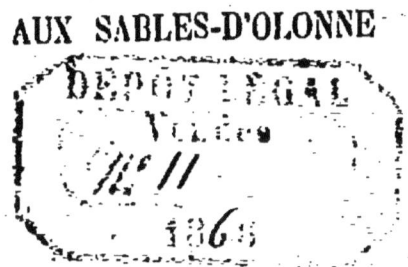

GUIDE

DES BAIGNEURS

ET DES

TOURISTES

AUX SABLES-D'OLONNE

NAPOLÉON-VENDÉE

IMPRIMERIE Vᵉ IVONNET, RUES LAFAYETTE ET DE LA PRÉFECTURE

1866

L'usage des Guides se généralise chaque jour à mesure que l'utilité de ces cicérone discrets se manifeste. Il n'est pas de ville d'eaux, de bains de mer, de plage, de ligne ferrée, qui ne possède son Guide-Itinéraire.

La plage des Sables-d'Olonne est universellement reconnue comme la plus belle et la plus commode de toute la côte ouest de l'Océan. D'un autre côté, la Vendée est célèbre par la beauté pittoresque ou historique de ses paysages, trop peu visités.

Nous avons pensé qu'au moment où un chemin de fer vient de mettre cette belle plage à quelques heures à peine de Nantes, à une heure du chef-lieu du département, un Guide rédigé avec méthode, simplicité et élégance serait accueilli avec faveur par les touristes, par les baigneurs et même par les habitants, auxquels il révélera probablement plus d'un sujet d'étonnement et d'admiration. Nous avons fait appel à des littérateurs, à des archéologues, à des historiens, à des naturalistes : car un livre, comme nous le comprenons, avec sa variété, ne saurait être le produit d'une seule plume. Notre appel a été entendu, et nous pouvons promettre pour la prochaine saison des bains de mer un Guide qui sera plus qu'une aride nomenclature, mais qui fournira aux hommes positifs d'utiles renseignements, aux simples touristes ou baigneurs une aimable causerie, à tous de précieuses et économiques indications.

Les auteurs n'ont pu ni voulu épuiser la matière en un volume de si peu d'étendue : comme dans les Annuaires les mieux conçus, à côté de la partie invariable et permanente, il y aura à chaque édition nouvelle des éléments nouveaux, qui tiendront sans cesse éveillée la curiosité du lecteur. Légendes, excursions, poésie, littérature, histoire, monuments, chaque année apportera son contingent d'intérêt, et dans quelques années la collection de nos Guides sera une véritable encyclopédie vendéenne.

GUIDE

DES BAIGNEURS ET DES TOURISTES

AUX SABLES-D'OLONNE

I

HISTOIRE SOMMAIRE DU DÉPARTEMENT DE LA VENDÉE

Le département de la Vendée a été formé du Bas-Poitou, dont la ville principale était Fontenay-le-Comte.

Compris, à l'époque de la domination romaine, dans la *Celtique* d'abord, dans l'*Aquitaine* ensuite, et enfin dans la *Seconde Aquitaine,* le Bas-Poitou était primitivement habité par les Agésinates Cambolectri, l'une des tribus de la puissante confédération des Pictones.

En 261, sous le principat de Gallien, Chrocus, chef d'une horde d'Alamans, d'Alains et de Taïfales d'origine scythique ou tartare, envahit la Gaule, en ravagna les provinces du centre et de l'ouest, et spécialement l'Aquitaine seconde. Là, il fut abandonné par les Taïfales, qui se fixèrent dans un camp romain où Agrippa avait établi son quartier général l'an 37 avant Jésus-Christ. Ces barbares, quand les princes illyriens eurent restauré l'empire, furent confirmés dans la possession du pays où ils avaient dressé leurs tentes, à titre de *lètes* ou de colons militaires étrangers, chargés de cultiver et de défendre le sol qu'ils occupaient. — A la longue, leur camp devint une ville qui s'appela *Taïfalia* : c'est aujourd'hui Tiffauges, sur la Sèvre-Nantaise.

Dans la dernière moitié du neuvième siècle, une colonie de Basques, en quête d'une nouvelle patrie, se cantonna au fond d'une petite crique du Bas-Poitou, et y jeta les fondements de la ville des Sables-d'Olonne. Les Sablais conservent encore dans leur physionomie et dans leur dialecte populaire des traces de cette origine ibérique.

La population de la Vendée se compose donc de trois éléments principaux : des Celtes, des Taïfales et des Ibères. L'élément celtique est aujourd'hui représenté par les habitants de la Plaine du nord, appelés vulgairement *Bigots ;* l'élément scytique, par les habitants du Bocage oriental ou *Gatineaux*.

Cette population prit une part assez large à la guerre de Cent-Ans et aux guerres de religion ; toutefois, elle n'affecta point, dans les deux circonstances, une physionomie spéciale et fut loin d'acquérir alors une notoriété particulière. La Révolution devait la tirer brusquement de cette obscurité. Nous raconterons, l'an prochain, ce drame en trois actes et un épilogue qu'on nomme l'*Insurrection de la Vendée*.

II

GÉOGRAPHIE SOMMAIRE DU DÉPARTEMENT DE LA VENDÉE

Limites. — L'Océan Atlantique, la Sèvre-Niortaise, le Thoué et la Loire circonscrivent une assez vaste étendue de territoire dépendant des anciennes provinces du Poitou, de l'Anjou et de la Bretagne. Les trois guerres civiles de 1793, de 1799 et de 1815 ont fait donner à ce pays le nom de *Vendée militaire.*

La Vendée militaire comprend, dans les divisions actuelles de la France, la partie méridionale de la Loire-Inférieure et du Maine-et-Loire, la partie occidentale des Deux-Sèvres et la Vendée en entier : c'est ce dernier département que nous nous proposons de décrire.

Le département de la Vendée, qui tire son nom d'un petit affluent de la Sèvre-Niortaise, est borné à l'ouest par l'Atlantique, au nord par la Loire-Inférieure, au nord-est par le Maine-et-Loire, à l'est par les Deux-Sèvres; enfin, au sud, par la Charente-Inférieure, dont la Sèvre-Niortaise le sépare.

Littoral. — L'Atlantique, avons-nous dit, baigne la Vendée à l'ouest : il y découpe la baie de Bourgneuf, les rades de Saint-Gilles et des Sables-d'Olonne, et l'anse de l'Aiguillon. Des marais au nord et au sud, des sables dans la région intermédiaire entre la pointe de Notre-Dame-de-Monts et la pointe du Grouin-du-Cou, telle est la nature de la côte, le long de laquelle on rencontre quatre îles et onze ports de commerce.

Les quatre îles sont : Noirmoutier, le Pilier, l'Ile-d'Yeu et l'île de Ré.

L'île de Noirmoutier s'appelait primitivement *Her;* elle tire son nom actuel d'une célèbre abbaye de Bénédictins *(Nigrum monasterium)* fondée au septième siècle par saint Philbert. Sous Charles-le-Chauve, elle servait de station au pirate normand Hastings. En 1794, le général vendéen d'Elbée y fut fusillé. — Etendue superficielle, 4,500 hectares; population, 8,106 habitants. — Le goulet de Fromentine, entre cette île et le continent, est guéable à marée basse. Ce passage s'appelle *le goua* (le gué).

Le Pilier n'est qu'un îlot fortifié à 5 kilomètres de Noirmoutier.

L'Ile-d'Yeu ou Dieu, ancienne Ogia, est à 20 kilomètres de Saint-Gilles; son étendue est de 2,800 hectares, sa population de 3,062 habitants. — Le comte d'Artois, depuis Charles X, y séjourna en 1795.

L'île de Ré, séparée de la terre ferme par le Pertuis-Breton, est rattachée administrativement à la Charente-Inférieure. Noirmoutier, le Pilier et Yeu dépendent de la Vendée.

Les onze ports sont : Noirmoutier dans l'île de ce nom; Port-Joinville dans l'Ile-d'Yeu; le Fresne, les Brochets, les Champs, le Grand-Pont-de-Beauvoir, la Barre-de-Monts, Saint-Gilles, les Sables, l'Aiguillon et Moricq.

OROGRAPHIE.— La Vendée (1) est traversée du sud-est au nord-ouest par une petite chaîne de collines qui va se terminer au nord-ouest à la pointe Saint-Gildas, dans la Loire-Inférieure, et qui se rattache au sud-est, par le plateau de Gatine, les monts du Poitou et les monts du Limousin, aux montagnes d'Auvergne, contrefort occidental des Cévennes entre la Loire et la Garonne. Ces collines ont une hauteur moyenne de 200 mètres au-dessus du niveau de la mer : Saint-Michel-Mont-Mercure, le bois de la Folie et le plateau des Alouettes en sont les points culminants.

HYDROGRAPHIE. — Les accidents de terrain dont nous venons de parler divisent le département en deux bassins : le bassin fluvial de la Loire, sillonné par deux affluents de ce fleuve, la Sèvre-Nantaise et la Boulogne ; le bassin côtier de la Vie, du Péray, du Lay et de la Sèvre-Niortaise.

La Sèvre-Nantaise sort des Deux-Sèvres, sépare le Maine-et-Loire de la Vendée, où elle arrose Mortagne et Tiffauges, et se jette dans la Loire à Nantes.

La Boulogne prend sa source près des Essarts, passe à Rocheservière, et va se réunir à la Loire après avoir traversé le lac de Grand-Lieu.

La Vie se forme de plusieurs petits ruisseaux près

---

(1) Quand les ténèbres couvraient l'abîme et que l'esprit de Dieu était porté sur les eaux, le lieu où fut plus tard la France était, comme le reste de notre globe, caché sous l'Océan. D'abord surgirent du plus profond de la nuit des âges et du sein des flots les micaschistes, les gneiss et certains granites de la Vendée, qu'on trouve à Beaupréau, Napoléon-Vendée, Belle-Ile-en-Mer et aux embouchures de la Vilaine et du Blavet. — Voilà les premières terres de l'Europe et le commencement de notre France. (Duruy, Introduction générale de l'Histoire de France, page 8.)

de la Chapelle-Palluau, passe à Apremont et se jette dans la mer entre Croix-de-Vie et Saint-Gilles, au nord de l'anse de Saint-Gilles, où elle se confond avec le Jaunay.

Le Péray se forme au-dessous de Talmont, de trois cours d'eau dont le principal est le Guy-Châtenay ; il se jette dans la mer au fond d'un petit hâvre qui porte le même nom.

Le Lay se forme près de Saint-Vincent-Puymaufrais, par la jonction du grand Lay et du petit Lay ; il passe à Mareuil et se jette dans le Pertuis-Breton, après avoir reçu, près de la Couture, l'Yon qui arrose Napoléon-Vendée.

La Sèvre-Niortaise sort du département des Deux-Sèvres, sépare, comme nous l'avons déjà dit, la Charente-Inférieure de la Vendée, et se grossit, dans ce dernier département, de l'Autise qui arrose Maillezais, et de la Vendée qui arrose Fontenay-le-Comte. Elle finit son cours dans l'anse de l'Aiguillon.

NATURE DU SOL. — La configuration physique du pays permet de le diviser en trois régions distinctes : le Marais, le Bocage et la Plaine.

Le Marais comprend, comme il a été dit plus haut, la partie septentrionale et la partie méridionale du littoral. — Le Marais du nord embrasse les cantons de Beauvoir, de Saint-Jean-de-Monts et de Challans ;— le Marais du sud, ceux de Luçon, de Chaillé et de Maillezais.

Le Bocage occupe le centre du département, c'est-à-dire les cantons de la Mothe-Achard, du Poiré, de Napoléon, de Chantonnay, des Essarts, de Pouzauges, des Herbiers, de Saint-Fulgent et de Mortagne.

La Plaine s'étend au nord du Bocage (cantons de

Palluau, de Rocheservière et de Montaigu) et au sud de la même contrée (cantons de Mareuil, de Sainte-Hermine, de l'Hermenault, de Fontenay, de Saint-Hilaire et de la Châtaigneraie).

DIVISIONS ADMINISTRATIVES. — La Vendée forme le diocèse de l'évêché de Luçon et la 4e subdivision de la 15e division militaire, dont le quartier général est à Nantes. — Elle est comprise dans le ressort de la Cour impériale et de l'Académie universitaire de Poitiers. — Le département a pour chef-lieu Napoléon; il se divise en trois arrondissements, Napoléon, les Sables, Fontenay), en trente cantons et 296 communes.

STATISTIQUE. — Population, d'après le recensement de 1861 : 395,695 habitants. — Arrondissement de Napoléon : 147,697 ; — arrondissement de Fontenay : 145,837 ; — arrondissement des Sables : 112,161. — Superficie : 6,693 kilomètres carrés, ou 669,307 hectares, dont 630,761 de sol productif, 47,440 hectares de landes ; 129,974 hectares de froment, année moyenne ; 15,495 hectares de vigne. — Revenu général : 61,000,000 francs, dont 16,000,000 pour le revenu territorial.

VILLES ET LIEUX HISTORIQUES

L'arrondissement de Napoléon renferme la ville de Napoléon et les bourgs des Clouzeaux, de Venansault, d'Aizenay, de Belleville, des Lucs, de Rocheservière, de Montaigu, de Tiffauges, de Mortagne, des Herbiers, des Essarts et de Chantonnay.

Napoléon (8,710 habitants).— Tribunal de première instance, Lycée impérial, Société d'émulation; chef-lieu du département, fondé en 1804 par Napoléon Ier, à côté du bourg de la Roche-sur-Yon. — La Roche-sur-Yon était au moyen-âge une place forte qui fut prise par les Anglais en 1369 et reprise en 1373 par Olivier de Clisson, dans la guerre de Cent-Ans. — Elle appartint successivement aux maisons d'Anjou, de la Trémouille et de Bourbon. — Le château, sur les ruines duquel s'élève aujourd'hui la caserne, fut démantelé par ordre de Richelieu.

Les Clouzeaux, champ de bataille où le général républicain Haxo fut vaincu et tué en 1794.

Venansault, ruines d'une abbaye de Bénédictins au village des Fontenelles.

Aizenay, champ de bataille où Louis de la Rochejacquelein fut défait par Travot en 1815.

Belleville, bois de la Chabotterie, où Charette fut fait prisonnier par Travot en 1796.

Les Lucs, pierres druidiques.

Rocheservière, champ de bataille où Suzannet, Sapinaud et d'Autichamp furent battus par Lamarque et Travot en 1815.

Montaigu, patrie du directeur et théophilanthrope Lareveillère-Lépeaux; champ de bataille où Beysser fut battu par les Vendéens en 1793.

Tiffauges, fondée par les Scythes Taïfales sur l'emplacement d'un camp romain; ruines d'un château de Gilles de Retz, dit Barbe-Bleue, démantelé par ordre de Richelieu; non loin de là, champ de bataille de Torfou, où Kléber et les Mayençais furent vaincus par les Vendéens en 1793.

Mortagne, patrie des Sapinaud; autrefois place forte, enlevée aux Anglais par Olivier de Clisson en 1373, dans la guerre de Cent-Ans; saccagée en 1793 par Bernard de Marigny.

Les Herbiers, près du Mont-des-Alouettes, l'un des sites les plus pittoresques du Bas-Poitou.

Les Essarts, ruines d'un château féodal où séjourna Henri IV quand il marchait contre le duc de Mercœur, en 1578; et où les frères Guilleri furent pris en 1608.

Chantonnay, champ de bataille où le général Lecomte fut battu par les Vendéens en 1793; dans la commune, château de la Roche-Baritaud, domaine patrimonial de la famille Beauharnais.

L'arrondissement des Sables renferme la ville des Sables et les bourgs de Saint-Gilles, de Saint-Jean-de-Monts, de Challans, de Beauvoir, de la Garnache, de Falleron, de Talmont, de Poiroux, d'Avrillé et du Bernard.

Les Sables-d'Olonne (6996 habitants).— Tribunal de 1re instance. — Ecole d'hydrographie. — Fondée au neuvième siècle de notre ère par une colonie de Basques, cette ville dut son importance maritime à Louis XI, qui en donna la seigneurie à Philippe de Commines; sous Louis XIV, elle armait cent navires chaque année, et Nantes quatre-vingt-dix. — Prise, pendant les guerres de religion, par les protestants Lanoue dit Bras-de-Fer (1570) et Rohan-Soubise (1622). — Bombardée par les Anglais dans la guerre de la ligue d'Augsbourg (1696). — Attaquée inutilement par les Vendéens, que repoussa le général Boulard en 1793. — Combat de 1809 entre trois frégates françaises et cinq vaisseaux de ligne anglais. — Patrie du flibustier Nau et des amiraux Vaugiraud et Gautier.

Saint-Gilles-sur-Vie : Victoire de Louis de Larochejacquelein sur Grosbon en 1815.

Saint-Jean-de-Monts : village des Mathes où Louis de la Rochejacquelein fut vaincu et tué par le corps du général Estève en 1815.

Challans : ruines romaines ; échec des Vendéens en 1794.

Beauvoir-sur-Mer, assiégé et pris par Henri IV, alors roi de Navarre, pendant les guerres de religion, en 1588.

La Garnache : château de Fonteclause, habité par Charette à l'époque de l'insurrection du Marais occidental.

Falleron : conseil de guerre dans lequel Suzannet, Sapinaud et d'Autichamp résolurent d'abandonner Louis de la Rochejacquelein en 1815.

Talmont, restes d'un château qui appartint aux maisons de Thouars, d'Amboise et de la Trémouille ; patrie d'Alquier.

Le Poiroux : château de la Proutière, où naquit Mlle de Lézardière, auteur de la *Théorie politique des lois de la monarchie française*.

Avrillé et le Bernard : pierres druidiques.

L'arrondissement de Fontenay renferme les villes

de Fontenay et de Luçon, et les bourgs de Réaumur, Maillezais, Saint-Michel Mont Mercure et Pouzauges.

Fontenay-le-Comte (7,971 habitants). — Tribunal de 1re instance. — Collége communal. — Eglise de Notre-Dame. — Ancienne métropole du Bas-Poitou et chef-lieu du département de la Vendée avant la fondation de Napoléon, Fontenay fut prise dans la guerre de Cent-Ans par Duguesclin (1372), dans les guerres de religion par Lanoue (1570) et par Henri IV (1590). — Ses fortifications furent rasées par ordre de Richelieu. — Le général Chalbos y fut défait par les Vendéens en 1793. — Patrie de Nicolas Rapin, l'un des auteurs de la *Satire Ménippée*; de Barnabé Brisson, premier président du parlement de Paris ; du mathématicien Viète, du naturaliste Jacques Brisson, des généraux Bonamy et Belliard.

Luçon (5,637 habitants). — Grand séminaire. — Cathédrale gothique. — Collége communal. — Evêché créé en 1317 et parmi les titulaires duquel on remarque Nicolas Cœur, frère de l'argentier de Charles VII, Richelieu et Nicolas Colbert, frère du ministre de Louis XIV. — Victoire du général Tuncq sur les Vendéens en 1793. — Patrie du cardinal Lafare, neveu du poëte épicurien, et du chef vendéen Bernard de Marigny.

Réaumur, patrie du physicien Réaumur, que les biographes font à tort naître à la Rochelle.

Maillezais, ancien évêché créé en 1317 et transféré à la Rochelle en 1666. — Prise en 1589 par Henri IV, qui en confia le gouvernement à Agrippa d'Aubigné. — Fortifications rasées par ordre de Richelieu.

Saint-Michel-Mont-Mercure : ruines de l'abbaye de la Grainetière.

Pouzauges : ruines d'un château féodal ; site du bois de la Folie.

III

NOTICE HISTORIQUE SUR LA VILLE DES SABLES-D'OLONNE

La ville des Sables-d'Olonne, située sur l'Océan, dans l'anse formée par l'Ile-d'Yeu et l'Ile-de-Ré, à la pointe la plus saillante du golfe qui s'ouvre entre Nantes et la Rochelle, tire son nom des sables au milieu desquels elle a été bâtie et du bourg d'Olonne dont elle a été longtemps une dépendance. Elle est formée de trois ou quatre rues parallèles à la côte, et de plusieurs petites rues transversales. Baignée d'un côté par la mer et de l'autre par le port, elle forme une presqu'île qui ne tient au continent que du côté de l'est. A l'extrémité et à l'ouest des Sables-d'Olonne se trouve le quartier de la *Chaume*, séparé de la ville par le canal conduisant de la mer au port.

L'histoire ne fait point connaître les commencements de la ville des Sables-d'Olonne. Quelques auteurs croient pouvoir y placer le *Portus Secor* des anciens ; mais cette opinion est fort contestable. Suivant une tradition locale, la ville des Sables-d'Olonne devrait

(1) Cette remarquable notice, due à une des plumes les plus exercées de la Vendée, publiée par nous en 1846, a été reproduite en 1851, sans indication d'origine, dans un ouvrage qui n'a pas eu d'autre suite. — Nous reprenons notre bien.

son origine à quelques pêcheurs basques qui, poursuivant la sardine jusque sur les côtes du Poitou, seraient venus établir leurs huttes sur les dunes d'Olonne. Quelle que soit l'exactitude de cette tradition, il est certain que, sur le rivage de l'Océan où s'élève aujourd'hui la ville des Sables-d'Olonne, il n'y a eu, pendant les premiers siècles de la monarchie française, aucun événement dont on ait conservé le souvenir (1). C'est sans doute à l'époque de l'invasion des Normands sur les côtes de l'Armorique et du Poitou et ensuite au temps des premières guerres séculaires entre la France et l'Angleterre, qu'a commencé à se faire sentir l'importance maritime des Sables. L'historien du Poitou, Thibaudeau, dit qu'en 817 les Normands entrèrent en Poitou par les Sables-d'Olonne et ravagèrent tout ce qui se trouva sur leur passage. Le plus ancien monument qui existe actuellement dans la ville est une vieille tour servant de phare, appelée la *Tour d'Arundel*. Or, on trouve dans l'histoire des guerres entre la France et l'Angleterre que, de 1387 à 1388, Richard, comte d'Arundel, a commandé les troupes anglaises débarquées en Poitou. Au pied de la tour on voit encore les débris d'un château qui servait à défendre l'entrée du port. Une autre tour, qui n'existe plus, avait été élevée sur le territoire actuel de la ville, vis-à-vis de la magnifique plage située au sud ; elle communiquait à un chemin couvert de plus de mille mètres de longueur, destiné, en cas de dés-

---

(1) Des chartes de 1211, 1272, 1279, 1282, etc., constatent l'existence des Sables comme localité importante au XIIIe siècle. Une charte de 1399 et une autre de 1401, relatives à une contestation entre le prieur de Notre-Dame d'Olonne et les habitants des Sables, donnent aux Sables-d'Olonne le titre de *ville*.

cente des ennemis, à sauver les sentinelles échelonnées sur la côte.

Quoiqu'oublié par l'histoire pendant les premières guerres entre la France et l'Angleterre, le port des Sables-d'Olonne, sur la fin de cette longue lutte entre les deux grandes nations, était déjà devenu l'un des plus renommés du royaume. On lit en effet dans une ordonnance de Louis XI, du 10 novembre 1472, que « *si la ville des Sables* était close et fermée de tours, « portaulx et murailles, en manière qu'elle fust dé- « fendable et que les marchands et marchandises ve- « nans au port et hâvre dudict lieu peussent être en « sûreté, il adviendrait un grand bien et proufit à la « chose publique du royaulme, *parce que ledict port* « *qui est bon et bien seur et autant et plus que nul au-* « *tre port ou hâvre du royaulme, pourrait avoir tel* « *regnon (renom) que tous marchands estrangiers y* « *viendraient volontiers habunder.* »

Mais c'est surtout à la politique habile de Louis XI que la ville des Sables-d'Olonne dut le développement de sa prospérité. Louis XI, dont tous les efforts eurent pour but de détruire la puissance de la féodalité et d'abaisser les grandes familles du royaume, avait enlevé, par des manœuvres déloyales, à la famille de la Trémouille les riches possessions dont elle devait hériter en Poitou des anciens vicomtes de Thouars. Par lettres patentes du mois d'octobre 1472, il avait donné ces biens à Philippe de Commines pour le récompenser d'avoir abandonné le duc de Bourgogne, Charles-le-Téméraire, et d'être entré à son service.

La partie du Poitou rapprochée de la Bretagne avait tellement fixé l'attention de Louis XI qu'il vint plusieurs fois visiter cette contrée. Il voulut mettre

lui-même son nouveau favori en possession des domaines qu'il lui avait donnés. Au mois d'octobre 1472 il se rendit, accompagné de Commines, dans le Bas-Poitou, et passa quelque temps au château de Talmond, près des Sables. Commines qui, en Flandre, avait pu apprécier l'importance du commerce maritime, remarqua que le port de Talmond, le principal du pays, était trop enfoncé dans les terres et perdait chaque jour ses avantages par suite des attérissements. Il signala le port des Sables comme pouvant devenir un établissement de la plus grande utilité pour la France ; il proposa à Louis XI de faire les travaux nécessaires pour que la ville des Sables offrît à l'avenir *un port aussi bon et aussi sûr que nul autre du royaume*. Non-seulement Louis XI apprécia tous les avantages commerciaux et maritimes de ce projet, mais il songea à tirer parti de l'heureuse position des Sables pour lutter contre l'indépendance de la Bretagne, dont il haïssait et voulait abaisser le duc, et qui devait bientôt se réunir à la France. Aussi, avant même de quitter le Bas-Poitou, il signa, dans une petite maison de chasse appelée *Dine-Chien* et située près de Puybelliard, l'ordonnance du 10 novembre 1472 par laquelle, sur la requête de Commines, « il exempte
« et affranchit les habitants des paroisses d'Olonne et
« de la Chaume de toutes tailles et aydes quelconques,
« moyennant qu'ils seront tenus de faire clore et fer-
« mer de tours, portaulx et murailles ladicte ville des
« Sables et y faire les fortifications advisées par les
« sires de Bressuire et du Fou. »

Ces travaux étaient d'une grande importance, puisque, indépendamment de tout ce que devaient faire eux-mêmes les habitants d'Olonne et de la Chaume, le roi donnait cinq mille livres, somme considérable pour l'époque.

Le roi, pour l'administration de la nouvelle cité qu'il faisait fortifier, créa, par la même ordonnance, un prévôt et quatre jurés chargés « de toutes choses « appartenantes à la police, fortification et entre- « tennement d'icelle ville, et autres affaires communes « entr'eux, de imposer sur les habitants les sommes « selon les cas pour le bien de la dicte ville, et de « imposer sur les marchands estrangiers aucun ayde « si la nécessité le requiert... et aussi de contraindre « les habitants de la paroisse d'Olonne à aller faire le « guet en ladicte ville des Sables, en cas de péril évi- « dent, etc. » Ce prévôt et ces jurés étaient à la nomination du seigneur d'Olonne, qui les choisissait parmi les candidats présentés en nombre double par les habitants, « affin, dit l'ordonnance, que auxdits prévôts « et jurés soient promus des personnes notables et « féables. » Ils étaient renouvelés tous les ans et devaient rendre compte de leur gestion à leurs successeurs. Ils étaient rééligibles.

Les prévisions de Commines ne tardèrent pas à se réaliser. La ville des Sables-d'Olonne se développa rapidement et son port devint bientôt l'un des plus importants de l'Océan. Quelques années à peine après l'exécution des travaux ordonnés par Louis XI, Louis de la Trémouille, seigneur d'Olonne, auquel avaient été rendus par arrêt du Parlement les biens dont s'était injustement emparé Commines, écrivait en 1498 au roi Charles VIII que 80 à 100 navires mouillaient chaque année aux Sables-d'Olonne.

A cette époque un grand événement occupa le vieux

monde et exerça sur la ville des Sables une immense influence. Christophe Colomb, Vasco de Gama et Améric Vespuce trouvèrent au-delà des mers les terres, inconnues jusqu'alors, d'un autre hémisphère. La navigation s'étendit dans le nouveau monde, et les Sablais furent les premiers à prendre la route de l'Amérique, vers laquelle se précipita de toutes parts le commerce.

C'est principalement par la pêche de la morue sur le grand banc de Terre-Neuve, dans la baie du Canada, à l'île Saint-Pierre et au Banc-Vert que se distinguèrent les habitants des Sables. Cette pêche lointaine ne commença pour la France que vers la fin du XVIe siècle, et dès ce moment la ville des Sables y envoya un grand nombre de navires. Ce genre d'industrie imprima à la ville une activité toute nouvelle. Des ateliers de tous genres, tels que forges, corderies, se créèrent de toutes parts dans son sein, et lui donnèrent un remarquable accroissement.

Au nombre des faits historiques qui contribuèrent à augmenter et à vivifier la ville des Sables, il ne faut pas oublier l'expulsion des Maures de l'Espagne. La population mauresque, qui se faisait remarquer en Espagne depuis 900 ans par sa supériorité dans les arts, l'industrie et l'agriculture, fut cruellement chassée par Philippe III, en 1610, du royaume catholique. De nombreuses familles de ces infortunés proscrits passèrent en Afrique. D'autres vinrent sur les côtes Bas-Poitou et abordèrent aux Sables. La France, fidèle aux sentiments de générosité qu'elle a toujours eus pour les proscrits de tous les pays, s'empressa d'accueillir avec humanité ces malheureuses victimes de l'inquisition et leur procura des navires pour les transporter à Tunis, à Alger et à Tripoli. Plusieurs d'entr'eux, attirés sans doute par la beauté du littoral de la France, la douceur de son climat et la générosité de ses habitants, se convertirent au christianisme et se fixèrent dans la ville des Sables, où ils répandirent leurs lumières et leur civilisation. C'est peut-être à cette population chevaleresque, exilée de *son Paradis de Grenade*, que le langage sablais doit les expressions poétiques et pittoresques qui le distinguent et le colorent encore si vivement après plus de deux siècles. Ils perfectionnèrent les habitudes de pêche des Sablais et leur apprirent à faire usage du traîneau et de la drague au lieu de la seine, de la ligne et de l'hameçon, qu'on avait exclusivement employés jusqu'alors. Ils concoururent activement aux expéditions des Olonnais pour l'Amérique et pour la pêche de la morue.

Cette pêche, à laquelle la ville des Sables prit longtemps une part beaucoup plus grande qu'aucune autre ville du monde, donna lieu à une législation particulière connue sous le nom de *Législation Olonnaise* ou *Us et coutumes d'Olonne*. On sait que cette pêche est la meilleure école des marins. Aussi, les Sablais qui, dès l'âge de douze ans, allaient sur le grand banc de Terre-Neuve affronter les glaces pôlaires, et qui passaient la moitié de l'année sous ces âpres climats, étaient-ils devenus les plus vigoureux et les plus intrépides navigateurs. La marine des Sables-d'Olonne, connue sous le nom de *Marine Olonnaise*, acquit une grande célébrité.

Pendant les guerres civiles entre les catholiques et les protestants, qui ont longtemps désolé la France et particulièrement le Bas-Poitou, la ville des Sables a été appelée à jouer un rôle important.

En 1570, Lanoue, qui était à la tête d'un corps de troupes calvinistes, vint assiéger les Sables-d'Olonne. Charles de Rouhault, qui commandait dans cette place, avait pris toutes ses dispositions pour résister à cette attaque, et se défendit avec valeur ; mais ne recevant aucun secours ni d'hommes ni de vivres, il fut obligé de céder à la supériorité du nombre. La ville fut prise d'assaut et pillée la semaine de la Passion ; les églises furent ravagées et démantelées ; il y eut 400 catholiques tués, et beaucoup de prisonniers. On trouva 30 canons, 40 navires, et tant d'or et d'argent que *les calvinistes*, dit un chroniqueur, *pouvaient à peine l'emporter*. Les habitants de la Chaume, zélés protestants, animés par une ancienne jalousie et par la diversité de religion, se vengèrent des Sablais, presque tous catholiques, en démolissant les murailles et en détruisant une partie de la ville. Rouhault, qui s'était d'abord sauvé, à la faveur de son cheval, dans les marais des environs, fut pris par les protestants et conduit à la Rochelle.

La ville ne resta pas longtemps au pouvoir des vainqueurs. Elle devint le centre des opérations maritimes dirigées contre la Rochelle, qui fut pendant de nombreuses années le boulevard des calvinistes. Le *port des Sables*, dit un historien de la Rochelle, *était alors fameux par l'intrépidité de ses marins, rivaux et ennemis des Rochelais*. En 1575, Charles de Rouhault, qui commandait encore les catholiques sur les côtes du Bas-Poitou, s'embarqua précipitamment le 1er septembre au port des Sables, accompagné seulement de 40 gentilshommes et de 400 mousquetaires répartis sur deux vaisseaux armés de douze canons et sur vingt chaloupes prises aux Sables et à la Chaume.

Rouhault fit voile vers l'Ile-de-Ré qui était au pouvoir des protestants ; mais il échoua dans cette entreprise, et revint chercher un refuge dans le château de la Chaume.

En 1577, la ville des Sables fut prise et pillée une seconde fois par les huguenots. Le comte de Montgommery et de Mouy, ayant appris qu'il y avait dans le port des Sables vingt-cinq vaisseaux portugais chargés de blé, résolurent de s'en emparer. Quinze cents hommes se rendirent aisément maîtres de la ville des Sables et du bourg de la Chaume, qui n'avaient point de garnison ; mais Bouillet du Page s'étant mis à la tête de cinquante catholiques, tous braves marins, se jeta dans le château de la Chaume. Après avoir vainement attendu des secours des chefs de l'armée royale, les assiégés capitulèrent pour 10,000 livres et à la condition que la place resterait neutre. Ils avaient obtenu qu'on leur laisserait *vie et bagues sauves*. On ne leur tint pas parole. Ils éprouvèrent tous les mauvais traitements que l'avarice, l'indiscipline, la brutalité peuvent inspirer.

Enfin, au mois de février 1622, la ville des Sables fut une troisième fois assiégée et prise par les huguenots. Rohan-Soubise, à la tête d'une forte armée, vint établir son camp à la porte des Sables, au bourg d'Olonne, où il laissa une partie de ses troupes. Il marcha ensuite avec trois ou quatre mille hommes sur la ville. Les catholiques firent d'abord une vigoureuse résistance et il en fut tué un grand nombre. Mais voyant qu'ils ne pouvaient se défendre plus longtemps, ils demandèrent à capituler. Suivant un historien, le duc de Soubise répondit qu'il ne voulait traiter qu'à deux conditions : lui payer cent mille livres et lui fournir quatre-vingts pièces de canon et trois vaisseaux. Les Sablais acceptèrent ce traité pour se préserver du pillage; mais Soubise ne voulut pas ou ne put pas tenir sa parole. On permit aux soldats le sac de la ville pendant deux heures. Ils y commirent tous les désordres imaginables et dévastèrent les églises *de manière*, dit un procès-verbal, *à n'y laisser que les quatre murs*. Le curé de la Chaume nommé Benoît et quelques habitants notables furent conduits en ôtage à la Rochelle, où Soubise envoya aussi cinq drapeaux pris aux Sables. Le curé de la Chaume, pendant sa dure captivité à la Rochelle, fit vœu que si Dieu le délivrait des mains des rebelles, il ferait bâtir une chapelle en l'honneur de sainte Anne. Les cent mille livres de capitulation ayant été payées, le curé Benoît, après deux ans de captivité, revint et jeta en 1625 les fondements de l'église Sainte-Anne à la Chaume.

Les progrès de Soubise en Bas-Poitou prirent un si grand et si rapide développement que Louis XIII crut devoir venir lui-même combattre le chef des huguenots. Le 16 avril 1622 il entra à cheval, à la tête de sa cour et d'une armée formidable, dans l'Ile-de-Ré, où se trouvait Soubise avec sept mille hommes et six cents chevaux. La lutte qui allait s'engager semblait devoir être si meurtrière que chefs et soldats employèrent toute la journée à se confesser pour mourir en état de grâce. Le chef huguenot pouvait se défendre, mais il manqua de résolution et se sauva dans la nuit avec sa cavalerie pour s'embarquer sur la côte de Saint-Gilles, laissant plus de deux mille morts et de sept cents prisonniers. Le lendemain de la déroute de l'armée de Soubise, le duc de la Rochefoucauld et Chatelier-Barlot allèrent, d'après les ordres

du roi, faire le siège du château de la Chaume où s'étaient réfugiés neuf cents huguenots, qui mirent bas les armes, après avoir éprouvé un vigoureux assaut à mer basse. Il se passa dans cette circonstance un fait héroïque. Trente vaisseaux, qui venaient de la Rochelle au secours de l'armée de Soubise et qui ignoraient la défaite de cette armée et la prise du château de la Chaume, s'approchaient du port des Sables pour y entrer. « Les catholiques, dit l'histo-
« rien du Poitou Thibaudeau, afin de surprendre et
« détruire cette flotte, firent monter sur une tour du
« château celui qui y commandait auparavant pour
« les protestants, et on l'obligea de faire signe à la
« flotte d'avancer. Les vaisseaux rochelais envoyè-
« rent quelques hommes conduits par un nommé Fo-
« ran, de l'Ile-de-Ré; il fut saisi à son arrivée à la
« Chaume et on le fit remonter sur la chaloupe avec
« des hommes du fort qui prirent les habits de ceux
« qui étaient venus de la flotte. On remit la chaloupe
« en mer pour s'approcher à quelque distance des
« vaisseaux rochelais et obliger Foran de leur crier
« d'avancer; mais, dès que cet homme fut à portée
« d'être entendu, il se mit à crier de toutes ses forces,
« malgré les menaces de ceux qui l'accompagnaient
« et le poignard qu'ils lui tenaient sur la poitrine :
« *Trahison! Trahison!* jusqu'à son dernier soupir,
« ce qui empêcha la flotte d'avancer et la sauva! »
Jusqu'à l'époque de la reddition de la Rochelle, le 30 octobre 1628, à la suite du fameux siège dirigé par Louis XIII et Richelieu, la ville des Sables-d'Olonne continua à prendre une grande part à la lutte terrible engagée entre les catholiques et les protestants. De nombreux vaisseaux sortirent plusieurs fois du

port des Sables pour aller grossir l'armée navale de Louis XIII. De 1622 à 1628, le duc de la Rochefoucauld, gouverneur du Poitou ; le duc de la Trémouille, seigneur d'Olonne ; l'amiral de France Henri de Montmorency ; le maréchal de Schomberg et plusieurs autres notables personnages vinrent successivement aux Sables et au château de la Chaume pour y préparer des approvisionnements de vivres, de munitions, et pour y prendre le commandement de diverses flottes destinées à combattre les calvinistes. La flotte qui se trouvait devant les Sables et à la tête de laquelle vint se placer l'amiral de Montmorency le 14 septembre 1625, était composée de soixante-six vaisseaux, dont plusieurs avaient été mis à la disposition de Louis XIII par les Hollandais.

Vers ce temps, Soubise, qui croisait avec une escadre sur les côtes du Poitou, essaya en vain de prendre les Sables-d'Olonne par mer.

Quoique dominés par les catholiques, quelques habitants des Sables avaient cependant de vives sympathies pour les protestants de la Rochelle. En 1626, au commencement du siége de la Rochelle, le syndic ou maire des Sables et le seigneur de la Jarrie d'Olonne, ayant envoyé aux Rochelais des poudres et d'autres munitions de guerre, furent pendus en chemise sur la *place du Moulin*, appelée aujourdhui *place Carcado*, du nom d'un colonel dont le régiment y a fait quelques travaux.

La ville des Sables, au commencement du XVIIe siècle, était arrivée à son plus haut degré de prospérité ; cependant elle ne formait pas une paroisse isolée, et son église n'était qu'une simple chapelle dépendant d'Olonne. Par mandement du 16 novembre 1622, elle fut érigée en cure par le cardinal de Richelieu, évêque de Luçon. Pour dédommager le curé d'Olonne, qui s'était vivement opposé à cet acte, il fut ordonné que la fabrique des Sables paierait chaque année aux fêtes de Noël à ce curé et à ses successeurs une somme de dix livres tournois, et « afin qu'il parût dans la « suite que la susdite église paroissiale des Sables « avait été démembrée de celle d'Olonne, le curé des « Sables était tenu, le jour de la Nativité de la Vierge, « de conduire processionnellement ses paroissiens à « l'église de Notre-Dame d'Olonne et de chanter les « litanies dans la dite église. » La rente a été payée et la procession a eu lieu jusqu'en 1789. Le curé était à la nomination du seigneur d'Olonne; mais il devait être agréé par l'évêque de Luçon.

La ville des Sables, en comptant le faubourg de la Chaume qui n'était pas encore réuni à la ville, mais qui en formait une annexe naturelle, avait alors, suivant des documents officiels et irrécusables, de quatorze à quinze mille âmes de population. Depuis cinquante ans surtout les étrangers y affluaient et y faisaient un commerce fort étendu; son port passait pour un des plus commodes de France, et l'on pouvait y voir jusqu'à *trois cents barques ou navires chargés et à flot.* En 1668, les officiers de l'amirauté furent chargés d'envoyer au gouvernement le nombre et la qualité des vaisseaux appartenant à des particuliers dans les ports de leurs juridictions. Cet état, qui se trouve encore aux archives de la marine, constate que la ville des Sables avait 101 vaisseaux. Pour apprécier toute l'importance de ce chiffre, on remarquera que, suivant le même état, Nantes n'en avait que 89, Rouen 94 et la Rochelle 32.

Après le siége de la Rochelle, Louis XIII ayant donné l'ordre de détruire tous les châteaux et toutes les forteresses qui pourraient servir de retraite aux protestants, le château de la Chaume ou d'Arundel fut démantelé, et il n'en resta que les débris qui subsistent encore aujourd'hui.

Ce château venait d'être le théâtre d'une aventure romanesque qui avait causé une grande agitation aux Sables. Le gouverneur, M. de Grandchamp, officier des chevaux-légers de Louis XIII, avait enlevé dans la ville des Sables une jeune et charmante personne, fille d'un receveur des finances nommé Cardin. Ce rapt excita vivement la colère des Sablais, qui prirent les armes, accoururent à la Chaume et firent feu sur le château. L'affaire se termina, comme dans un roman, par un mariage entre le gouverneur et la belle Sablaise.

A partir de cette époque la prospérité matérielle de la ville des Sables a rapidement décliné. Les grandes guerres maritimes du règne de Louis XIV ont décimé la population et l'ont détournée de la pêche de la morue, qui était la source de sa richesse. La marine olonnaise a été l'un des pricipaux éléments avec lesquels le ministre Colbert a constitué la grande armée navale de Louis XIV. C'est des Sables que sont sortis les plus intrépides matelots et les plus habiles pilotes de la marine française, dans le temps où, suivant l'expression d'un de ses historiographes, elle était *la plus puissante, la plus nombreuse et la plus vaillante de toute l'Europe*. Dans toutes les grandes batailles navales de cette époque, à la baie de Bantry en 1689, à Messine en 1676, à la Hogue en 1692, les Sablais ont pris une noble part aux gloires maritimes de la France, sous les ordres de leurs compatriotes des provinces de l'Ouest le marquis de Villette, le chevalier de l'Etenduère, le chevalier de Coëtlogon, le marquis de Sainte-Hermine, le marquis de la Bretesche, etc. Au combat de Velez-Malaga, le 24 août 1704, où *les flottes combinées de l'Angleterre et de la Hollande ne conservèrent pas*, de l'aveu de l'amiral hollandais, *trois mâts d'avant de réserve,* il y avait cinq ou six cents marins des Sables-d'Olonne, dont plusieurs exerçaient les fonctions périlleuses de commandants des brûlots.

En 1696, l'Océan avait été presque abandonné aux flottes anglaises et hollandaises qui bombardèrent plusieurs villes maritimes de la Bretagne, de la Normandie et du Poitou. Le 17 juillet, la flotte anglo-batave, commandée par l'amiral hollandais Russel, se présenta devant les Sables. L'amiral avait pris en mer un pêcheur de la ville nommé Daniel Fricaud, qu'il avait contraint de lui servir de pilote. Le patriote pêcheur, au lieu de faire connaître au général hollandais que la ville n'avait que cent vingt à cent cinquante mètres de largeur sur une longueur de sept cents, lui dit au contraire qu'elle était aussi large que longue. Les Hollandais et les Anglais tirèrent en conséquence leurs projectiles ; deux mille bombes, passant sur les maisons, allèrent à plus de trois cents mètres tomber dans le port où elles ne firent aucun mal, mais dans le quartier de la Chaume quarante maisons furent détruites.

A la nouvelle de l'arrivée de la flotte anglo-batave, huit ou dix mille hommes des paroisses voisines, ayant à leur tête la noblesse du pays, accoururent en vingt-quatre heures pour défendre les Sables, dont toute l'artillerie consistait en quatre vieilles pièces de canon, et qui n'avait plus que des moyens de défense incomplets depuis la récente destruction du château d'Arundel.

Lorsque la flotte anglo-batave fut partie, on sentit la nécessité de mettre la ville des Sables en état de résister aux attaques des ennemis. Le maréchal de Joyeuse s'y rendit en 1697, et fit construire à la Chaume quelques fortifications qui existent encore. En 1746, 1750 et 1779, ces travaux ont été augmentés, et l'on a fait établir près de l'ancien château d'Arundel une ligne de retranchements capable de contenir un camp de vingt mille hommes.

Vers le milieu du XVIIIe siècle les Anglais ont fait à l'égard des Sablais un trait de bravade peu digne d'une grande nation. Une flottille française d'environ cent quarante voiles marchandes, allant de Bordeaux en Bretagne et en Normandie, tomba la nuit au milieu d'une escadre anglaise commandée par un amiral qui croisait dans les parages de l'Ile-d'Yeu. L'amiral vint avec toute son escadre devant le fort de la Chaume, mit ses vaisseaux le cap à la terre et en cercle, fit entrer dans ce cercle les bâtiments français et se livra avec tout son équipage à de bruyantes et de joyeuses orgies aux yeux des Sablais exaspérés.

Dans l'année 1746, où la guerre éclata de nouveau entre la France et l'Angleterre, la ville des Sables fournit trois cents matelots aux flottes de Louis XV ; elle avait cependant déjà diminué de plus de moitié depuis le règne de Louis XIII. La révocation de l'édit de Nantes, cruelle erreur de la vieillesse de Louis XIV, était venue, en même temps que la décadence de notre puissance navale et l'abandon de nos établissements maritimes, porter un coup mortel au commerce et à la navigation du Poitou. Le quartier de la Chaume surtout, qui comptait beaucoup de protestants, avait été désolé par les persécutions qui signalèrent les dernières années du grand roi. Le temple calviniste avait été détruit; des dragons avaient été placés chez les prétendus réformés, y vivant à discrétion, y commettant les plus odieux excès et enlevant les enfants que l'intendant de la province faisait mettre dans les couvents, aux frais de leurs parents.

L'Océan, qui avait été la cause de la prospérité de la ville des Sables, semblait vouloir lui-même travailler à la destruction de son propre ouvrage. En 1747, 1750 et 1758, la partie de la ville qui s'étendait au midi fut envahie par la mer, et plusieurs rues furent renversées et sont maintenant remplacées par des dunes. Les sables, arrachés de la côte et de la ville, avaient été entraînés dans le chenal et dans le port qui s'étaient encombrés et qui étaient devenus si mauvais que des barques de quatre-vingts à cent tonneaux ne pouvaient y entrer que pendant deux ou trois jours des vives eaux. Divers travaux furent projetés pour conserver le reste de la ville des Sables. De 1751 à 1756, un mur d'enceinte fut construit au sud, le long de la mer, pour couvrir la ville; mais il ne produisit pas les résultats qu'on en attendait, et en 1760 plusieurs maisons furent encore détruites par l'Océan. En 1767, après avoir fait plusieurs autres ouvrages d'amélioration, on construisit la belle jetée qui s'avance au milieu des flots et qui, fixant le chenal le long du coteau de la Chaume, opéra au midi de la ville des attérissements par suite desquels elle se trouva en sûreté contre les entreprises de la mer.

Pour ne pas perdre entièrement le mur construit de 1751 à 1756 sur le bord de la mer, on l'avait terminé dès 1763 par un pan coupé et l'on avait fait par derrière des remblais et des pavés au moyen desquels il est devenu, sous le nom du *Remblai*, une charmante promenade d'où la vue, s'étendant sur l'une des plus belles plages de France, se perd dans l'immensité de l'Océan.

Vers le milieu du XVIIIe siècle un maire et un corps municipal furent institués pour la ville des Sables dans la forme des administrations communales des autres villes. Par arrêt du conseil d'État du 15 juillet 1747 un octroi y fut établi, et pour en assurer la perception on fit construire le mur de clôture dont la première pierre fut placée le 14 août. Dans la même année 1747, on créa aux Sables un bataillon de *miliciens garde-côtes,* espèce de garde nationale prise dans les paroisses situées sur le bord de la mer et chargée de la défense du littoral ; ils furent réorganisés en 1778 sous le nom de *canonniers garde-côtes.*

En 1755, la Chaume fut réunie pour l'administration à la ville des Sables-d'Olonne. Les deux paroisses réunies n'avaient plus qu'une population de cinq mille cinq cents âmes, au lieu de quinze mille qu'elles comptaient au milieu du siècle précédent.

Lorsque vint la Révolution de 1789, il y avait aux Sables *un siége d'amirauté* chargé de rendre la justice sur toutes les causes maritimes du Poitou et sur tout ce qui se passait entre les sujets du roi ; *un siége d'élection,* qui avait été créé en 1594 et qui était chargé de juger les différends en matière d'impôt ; *un siége de traites* pour les divers droits de douanes ; *un subdélégué de l'intendant ; une brigade de maréchaussée*, un bureau de poste aux lettres, etc. La ville et la Chaume formaient, comme aujourd'hui, pour le spirituel, deux paroisses séparées, et il s'y trouvait des Bénédictins, des Capucins, des Dames de l'Union chrétienne et un Hôtel-Dieu tenu par les filles de la Charité. Le seigneur d'Olonne était seigneur de la Chaume et des Sables.

Les dix années de paix qui ont précédé la Révolution de 1793 avaient rendu quelque prospérité à la ville des Sables, et, sous le règne de Louis XVI, la marine olonnaise, ayant repris la pêche de la morue, envoyait encore trente navires au grand banc de Terre-Neuve; mais la Révolution a anéanti ces derniers efforts de l'industrie sablaise. Les marins olonnais, recrutés pour les armées de la République et de l'Empire, ont succombé en partie dans les combats ou sur les pontons de l'Angleterre. Les armateurs ont été obligés de renoncer au commerce de leurs pères, et les grandes inclinations nautiques se sont perdues.

La ville des Sables, placée au centre des côtes de la célèbre Vendée, a profondément ressenti les agitations politiques du régime de la République. Un grand nombre de membres de la Convention nationale et plusieurs officiers généraux s'y sont successivement établis pour y diriger les mesures concertées contre la Vendée; des comités révolutionnaires et des conseils de guerre y ont imposé le sanglant despotisme de la Terreur. Les passions y ont été d'autant plus vives que les évènements qui s'accomplissaient aux portes de la ville, y exerçaient une énergique réaction. L'horrible glaive de 1793, qui s'appesantissait sur les plus humbles comme sur les plus grandes têtes, a frappé aux Sables une La Rochefoucauld à côté d'un grand nombre de bourgeois, de paysans et d'artisans suspectés de royalisme et d'aristocratie. La ville des Sables a été pendant quelque temps le principal refuge des familles de la Vendée qui, n'ayant point pris part au soulèvement des royalistes, avaient été obligées de quitter leurs foyers.

Elle est peut-être la seule ville de la Vendée militaire qui n'ait point été occupée par les royalistes ; elle a soutenu en 1793 un siège qui fait honneur au courage de ses habitants, et dont l'histoire a mal à propos dédaigné jusqu'à présent de faire connaître les détails. Les Vendéens, commandés par Jolly et La Sècherie, se montrèrent sur les hauteurs de *Pierre-Levée*, à cinq kilomètres des Sables-d'Olonne, le 24 mars 1793. Cette apparition, au moment où l'armée vendéenne venait de remporter des succès dans le bocage, répandit l'effroi dans la ville qui s'attendit à être bientôt assiégée. Cependant la présence d'une faible garnison et la fermeté du conventionnel Gaudin, qui se trouvait en mission dans la ville, soutinrent le courage des habitants. On se mit tout de suite en devoir de résister, et la population s'apprêta avec un zèle admirable. Une petite batterie, dite de l'*Estacade*, qui avait été placée autrefois à l'extrémité sud-est de la ville pour la défendre du côté de la plage, le mur de l'octroi, les marais salants qui se trouvent à la suite de ce mur, le chenal d'alimentation de ces marais furent utilisés avec tant de rapidité et d'habileté, qu'avant moins de trois jours ils présentèrent un système de défense très-respectable, et que la ville se trouva entourée de murailles flanquées de contreforts garnis de canons, de fossés pleins d'eau ayant sur leurs bords de solides épaulements, et de bastions armés de pièces d'artillerie qui pouvaient envelopper d'un réseau de feu toute l'enceinte de la ville du côté de la terre. Ce résultat remarquable prouve tout ce que peut une population lorsqu'elle est animée par des convictions ardentes et conduite par une autorité puissante et habile !

Le 27, Jolly, à la tête de 10,000 hommes, commença l'assaut des Sables du côté de la route de Talmond. Les soldats royalistes se ruèrent en vain plusieurs fois contre les fortifications improvisées des Sablais; mitraillés par les assiégés, ils se retirèrent et furent poursuivis jusqu'à plus de quatre kilomètres.

Le lendemain, 28, l'armée vendéenne, grossie d'un renfort considérable, se présenta devant les Sables et établit des batteries à *la Virée-d'Olonne*, à un kilomètre de la porte de Nantes. Toute la journée se passa des deux côtés en préparatifs.

Le 29, jour du *vendredi saint*, dès la pointe du jour, les batteries des assiégeants commencent leur feu. Leur artillerie, mal servie et dirigée maladroitement contre les solides épaulements en terre placés derrière les marais salants, ne produit aucun effet. Ils souffrent au contraire considérablement du feu des assiégés; ils tentent sans succès d'incendier la ville avec des boulets rouges. Aucune précaution n'ayant été prise pour dérober leurs munitions au feu des Sablais, leur principal magasin saute au moment où des paysans amènent de la poudre pour le compléter. La terreur se répand aussitôt dans les rangs de l'armée vendéenne, contre laquelle les Sablais font une sortie vigoureuse et qui est mise en complète déroute.

Quoique la ville des Sables eut perdu toute son ancienne prospérité, elle a cependant fourni à la République et à l'Empire d'excellents marins, et le port, malgré son insuffisance et son état d'imperfection, a rendu de grands services à la France. Il n'était pas rare d'y voir réfugiés deux ou trois cents bâtiments de commerce ou de transport. Des bâtiments de l'État y ont aussi plusieurs fois cherché un asile. Sous ce point de vue, la station des Sables est si importante que sa rade a toujours été, en pareille circonstance, le lieu de stationnement d'une flotille de bâtiments armés, chargés d'escorter les convois et de surveiller les corsaires ennemis.

La rade des Sables a été, le 24 février 1809, le théâtre d'un combat naval qui est considéré comme l'un des plus glorieux de la marine française. Trois frégates françaises, la *Calypso*, capitaine Jacob, la *Cybèle*, capitaine Cocault, et l'*Italienne*, capitaine Jurien qui commandait la division, eurent à lutter sous les murs mêmes des Sables contre cinq navires anglais commandés par le commodore Stopford; la *Défiance*, de 80 canons; le *César*, de 74; la *Donegal*, de 74; la frégate l'*Amélia* et un brick. La division française, sortie de Lorient pour rejoindre l'escadre de l'amiral Wilhaumez, avait rencontré en mer la division anglaise, et le commandant Jurien avait pensé que, pour ne pas être enveloppé par des forces si supérieures, il devait gagner la rade des Sables-d'Olonne et s'adosser contre la plage. Il était neuf heures un quart quand les frégates françaises laissèrent tomber l'ancre en faisant embossure. Les voiles furent serrées avec précipitation pour se disposer au combat. A neuf heures et demie les vaisseaux anglais arrivèrent. A neuf heures trois quarts le vaisseau de 80 mouilla par le bossoir de tribord du capitaine Jurien, à demiportée de pistolet, et les autres bâtiments se tinrent sous voiles à petite portée de fusil. Le commandant Jurien fit commencer le feu par sa frégate. Le combat alors éclata sur toute la ligne et devint terrible. On se foudroya de part et d'autre avec un acharnement que la colère de nos matelots, d'un côté, la confiance des Anglais de l'autre, rendaient encore plus furieux. Sur toute la rade s'élevaient d'immenses tourbillons d'une fumée noire que sillonnaient de leurs éclairs redoublés des explosions formidables. Toute la ville émue contemplait cet effrayant et glorieux spectacle. Pendant les trois heures que dura la lutte inégale soutenue si héroïquement par nos trois frégates, elles n'eurent pas cent hommes mis hors de combat, tandis que le vaisseau ennemi le plus près d'elle fut horriblement maltraité. A la fin, ne pouvant plus résister au feu meurtrier des Français, le commandant anglais se décida à couper son cable pour prendre le large; mais, pendant cette évolution, son vaisseau tout-à-coup échoua, et, présentant sa poupe à la division française, il essuya pendant plus d'un quart d'heure le feu des frégates. Les cris de *vive l'Empereur* poussés par les équipages français annoncèrent que ce vaisseau allait succomber, quand soudain, par un bonheur inconcevable, il parvint à l'aide de ses voiles à s'éloigner. Toute sa poupe ne faisait qu'une embrasure. A midi et quart le combat avait cessé et les navires ennemis avaient abandonné le champ de bataille. Leur retraite était une fuite! On a appris depuis que le vaisseau du commodore avait eu 250 hommes hors de combat et que les deux autres vaisseaux avaient été presque aussi maltraités. Après le départ de l'ennemi, le capitaine Jurien entra dans le port des Sables au milieu des acclamations enthousiastes de la population. « Il est impossible, écrivit-il le lendemain au « ministre de la marine, de voir des frégates com- « battre avec tant de constance des forces si supé- « rieures! »

IV

TRAVAUX DU PORT DES SABLES.

Le port des Sables est le plus important du département de la Vendée comme port de commerce, de pêche, de relâche et de constructions navales. Il l'est également par la masse des ouvrages déjà exécutés ou restant à exécuter pour compléter l'ensemble approuvé en principe.

Il est difficile de trouver un port pour lequel la nature ait plus fait que pour celui-ci.

Le port, proprement dit, est orienté est-ouest, et séparé de la mer par une dune de 200 mètres de largeur environ sur laquelle la ville est bâtie. Il communique avec l'Océan par un chenal s'ouvrant au sud-sud-est, c'est-à-dire à peu près perpendiculairement à la direction générale du port.

Le port et le chenal ne sont que l'extrémité et l'embouchure à la mer d'un vaste lais de mer courant du sud au nord, séparé de l'Océan par des dunes reposant elles-mêmes sur la côte rocheuse de la Chaume. Jadis le jeu des marées dans cette immense baie intérieure, qui comptait deux ou trois cents hectares de superficie, entretenait une bonne profondeur d'eau dans le port et dans le chenal resserré entre les rochers de la Chaume et la langue de sable sur laquelle est située la ville. Aussi, dans les XVIᵉ et XVIIᵉ siècles, le port des Sables-d'Olonne était-il un des plus importants de l'Ouest, et concentrait-il une grande partie du commerce des colonies et de la grande pêche. Mais la baie intérieure fut diminuée progressivement par les endiguements faits pour établir des marais salants, et la profondeur d'eau diminua dans le port et dans le chenal.

C'est dans la dernière moitié du XVIIIᵉ siècle qu'on entreprit d'y porter remède en se donnant pour programme :

1º D'arrêter la marche des sables en les fixant extérieurement à la ville par des murs de garantie, et de fixer le chenal en le comprenant entre des jetées combinées pour l'abriter en même temps contre la force de la mer à l'entrée ;

2º De diviser le port en deux parties ; port d'échange et bassin à flot avec leurs accessoires obligés ; murs de quai, cales de construction et brise-lames ;

3º De combattre les ensablements du port et du chenal par des chasses puissantes, alimentées par une retenue d'eau de 100 hectares de superficie, occupant le reste des lais de mer non endigués, en arrière du port proprement dit.

Nous allons indiquer les travaux successivement faits dans ce but et ceux restant à faire, ainsi que les résultats obtenus déjà.

De 1750 à 1754, on construisit le mur du remblai de 497 mètres de largeur, parementé en pierres de taille, reposant sur un grillage en charpente, et élevé de $2^m 78$ au-dessus du niveau des plus hautes mers.

De 1763 à 1766, on établit la jetée Saint-Nicolas destinée à protéger l'entrée du chenal contre les coups de mer de l'ouest. Elle a 200 m de longueur. Elle est formée d'un perré maçonné reposant sur un massif d'enrochements et dont la crête est à 0^{m}96 au-dessus des plus hautes mers.

De 1767 à 1782, on travailla à la grande jetée destinée à arrêter les sables à l'est du chenal. Elle a 725 m de longueur à partir de son raccordement avec un pan de quai qui existait avant elle. Elle est fondée partout sur pilotis, et la partie avancée en mer est composée de deux murs parallèles parementés en pierres de taille, au friot de 1/4, reliés tous les 30 m par des contreforts avec remblai entre les deux murs. La largeur moyenne en couronne est de 8^{m}00. L'élévation au-dessus des plus hautes mers est de 2 ^{m} 00, à l'exception toutefois de celle du musoir qui est de 3 ^{m} 44.

De 1782 à 1787, on établit le quai de la Chaume, pour régulariser la côte rocheuse et protéger les maisons du bourg; il laisse entre lui et la grande jetée un chenal de 80 m de largeur moyenne. Il a 754 mètres de longueur ; il est parementé en pierres de taille, et son couronnement a 1 ^{m} 90 au-dessus des plus hautes mers. Un éperon saillant de 19 ^{m} sert à interrompre la propagation de la lame le long du mur.

L'ensemble des ces ouvrages, qui a entraîné une dépense réelle de 2,202,000 livres et qui représente plus de 3 millions aujourd'hui, eut un succès complet. Le port qui, auparavant, était presque perdu, put recevoir des navires de 10 à 14 pieds de tirant d'eau. (Cette profondeur, donnée par les ouvrages ci-dessus décrits, s'est conservée identique jusqu'à l'année 1861 où les chasses ont commencé.)

Pendant les guerres de l'Empire, plus 10,000 navires de commerce purent trouver un refuge aux Sables et se soustraire ainsi aux croisières ennemies. On retira ainsi un large bénéfice des sacrifices faits pour l'amélioration de ce port.

Vint ensuite une période pendant laquelle le port des Sables fut délaissé. On n'y exécuta, en fait de travaux neufs, que les quais et cales situés du côté de la ville et formant, avec les anciens quais, 730 ^{m} de largeur totale; on les établit de 1816 à 1832, très-économiquement, moyennant 300 ou 400 francs le mètre courant; mais on n'a pas lieu de s'en applaudir, car déjà ces murs menacent ruine; ils font ventre en plusieurs points, leurs mortiers sont décomposés et ils manquent de fondation.

C'est vers la même époque, de 1831 à 1837, qu'on prolongea, dans le même système économique, le quai de la Chaume, en amont de l'éperon, sur une longueur d'environ 300 ^{m}, qui s'est trouvé depuis compris en grande partie dans le bassin des chasses, en amont des écluses.

La loi du 16 juillet 1835 permit de reprendre sérieusement le programme que nous avons indiqué plus haut.

De 1845 à 1852, on exécuta simultanément :

1º Les écluses de chasse de la Chaume, formées de quatre parties ayant 6 ^{m} de largeur chacun, avec une charge d'eau de 4 ^{m} à 4 ^{m} 65 et s'ouvrant dans l'axe du chenal ;

2º Les maçonneries de l'écluse du bassin à flot, et les 2/3 environ du creusement du bassin ;

3° Un brise-lames placé entre les écluses de chasse de la Chaume et celle du bassin à flot, au fond de l'avant-port, qui a 113 m de longueur. C'est un plan incliné de 0 m 19 par mètre, avec revêtement maçonné de 0 m 50 d'épaisseur, qui a 130 m de longueur, et qui est bordé au pied par une passerelle reposant sur des piles de 3 m 50 de largeur sur 6 m de longueur, espacées de 10 m d'axe en axe.

4° 430 m de quais dits de la *Cabaude*, le long du terre-plein qui sépare le bassin du port d'échouage. Ces murs forment les revêtements de la rive nord du port, et laissent à celui-ci une largeur qui varie de 100 à 140 m. Ils sont parementés en pierres de taille de granit de petit échantillon;

5° Une cale de construction de 120 m de longueur, à l'extrémité amont des quais ci-dessus.

6° Enfin, vis-à-vis celui de la Chaume, un second éperon de 28 m 50 de longueur et 3 m de largeur en couronne, élevé de 1 m 50 au-dessus des plus hautes mers et protégé par une large risberme qui sert de quai bas pour l'accostage des canots. Cet éperon est destiné à arrêter la propagation de la lame le long de la grande jetée.

Le projet qui avait servi de base à la loi de 1845 comprenait, en outre, l'achèvement du bassin à flot, la construction d'un barrage éclusé au fond du port d'échouage, et enfin un canal d'amenée des eaux aux deux écluses de chasse, et la dépense totale en avait été évaluée à 2,100,000 fr.

Malheureusement les prévisions furent de beaucoup dépassées, et on avait déjà dépensé 2,300,000 francs lorsque les travaux furent suspendus en 1852.

Cette suspension était d'autant plus regrettable que

les travaux exécutés ne pouvaient en rien être utilisés et que les 2,300,000 fr. qu'on y avait consacrés se trouvaient dépensés en pure perte.

En 1857, l'administration autorisa, sur la proposition de M. Forestier, ingénieur en chef du département, l'exécution du barrage du fond du port et du canal d'amenée, et ces travaux, qui ont été terminés en 1861 et ont coûté environ 520,000 fr., ont permis d'utiliser enfin ce qui avait été fait de 1845 à 1852.

L'écluse de chasse et de navigation du fond du port a 8 ^{m} d'ouverture et permet aux bâtiments de 200 à 300 tonneaux de pénétrer dans le bassin de retenue, soit pour y opérer des chargements de sels ou autres marchandises, soit pour s'y radouber sur ce qui reste de l'ancienne cale de construction.

L'Etat a, en outre, dans la même période, de 1857 à 1861, dépensé :

1° 49,000 fr. pour la réparation et le doublage en tôle galvanisée des portes de la grande écluse de chasse de la Chaume, dont les pièces principales avaient été gravement endommagées par les tarets ;

2° 20,000 fr. pour réparer les avaries causées aux ouvrages du port des Sables par la tempête du 25 octobre 1859 ;

3° 15,000 fr. pour le rejointoiement des ouvrages exécutés de 1845 à 1852 ;

4° 22,000 fr. pour l'achèvement et la restauration des risbernes de la grande jetée et de l'éperon des Sables ;

5° Enfin, 64,000 fr. pour le prolongement du quai du Remblai, sur 600 ^{m} de longueur, et l'établissement d'un garde-corps et de candélabres sur l'ancien remblai; la commune des Sables a contribué à cette dépense pour près de 33,000 fr.

Enfin, en 1862, on a prolongé encore le quai du Remblai sur 330 ^{m}; les travaux sont terminés; la dépense en est évaluée à 24,000 fr.

Les chasses, dont le fonctionnement régulier a commencé au mois de septembre 1861, ont réalisé déjà en partie et réaliseront certainement par la suite tout ce qu'on était en droit d'en attendre. Elles donnent à la tête des jetées 4^{m}50 de vitesse par seconde, tandis que les plus fortes chasses de nos autres ports ne donnent que 3^{m}50, et le chenal s'est approfondi de 1^{m}50 à 2^m, sur 30 à 40^m de largeur et sur 500^m environ de longueur.

La barre, qui était à l'intérieur des jetées et ne laissait que 5^{m}30 de tirant d'eau aux plus hautes mers, en laisse maintenant de 6 à 6^{m}30. Il est vrai qu'elle est repoussée à 100 ou 150^m en dehors du musoir de la jetée, et que le chenal s'ouvre là entre deux bourrelets de graviers sur lesquels la mer brise aux 3/4 de mer-basse lorsqu'elle est forte, ce qui, joint au peu de largeur qu'offre le chenal en ce point, rend l'entrée très-difficile et dangereuse dans les gros temps; mais il est facile de remédier à ce mal, car le prolongement projeté de la jetée Saint-Nicolas ouvrira les brisants et, en consacrant une partie des 170,000 fr. destinés à protéger le pied de la grande jetée, à éloigner les courants de cet ouvrage, ce qu'on obtiendra en élargissant le chenal par des dragages dans le poulier qui le resserre dans l'état actuel, on fera disparaître tout danger.

En attendant que ce travail puisse s'exécuter, on va, en vertu d'une décision ministérielle du 19 avril dernier, baliser les pouliers et enlever quelques gros blocs qui se trouvent au fond du chenal, ce qui rendra plus facile l'entrée à marée basse des chaloupes qui autrefois ne pouvaient entrer qu'à mi-marée.

Dans l'intérieur du port d'échouage, l'effet de l'écluse de chasse du fond du port n'a pu encore produire tout son effet à cause de l'ouverture du bassin à flot; nous devons cependant signaler un approfondissement de 0 m 30 à 0 m 40 dans le chenal intérieur, et, de plus, le creusement, à l'aval de l'écluse du fond du port, d'une souille de 200 m de longueur où il reste à basse-mer de 2 m à 2 m 50 d'eau, et où les petites embarcations peuvent dès lors se tenir constamment à flot.

Tels sont les premiers résultats obtenus par les chasses. Ils permettent de prévoir avec certitude que la continuité de leur action causera et entretiendra un chenal offrant de 6 à 7 m d'eau dans les plus hautes mers, et qu'avec quelques dragages, en aval de l'écluse du bassin à flot, on pourra y recevoir des navires en rapport avec le tirant d'eau disponible sur le busc de cette écluse, qui est de 6 m, c'est-à-dire jaugeant de 500 à 600 tonneaux.

Le port a aujourd'hui une superficie de 9 hectares 935, y compris celle de l'avant-port qui est de 2 hectares 415, et il peut facilement recevoir 150 navires, d'autant plus que le bassin des chasses peut, au besoin, devenir un précieux auxiliaire. Le bassin à flot, dont l'achèvement est approuvé en principe, ajoutera à cela une superficie de 4 hectares 19.

L'ensemble des ouvrages exécutés représente une valeur de plus de *six millions*, et celui des ouvrages restant à faire est estimé à 1,720,000 fr.

La situation du port des Sables peut se résumer ainsi qu'il suit :

	TIRANT D'EAU SUR LA BARRE		TIRANT D'EAU DANS LE PORT à l'entrée du bassin		JAUGE des navires qui peuvent être reçus dans le port ou le bassin.
	en vives eaux.	en mortes eaux.	en vives eaux.	en mortes eaux.	
Etat actuel.	6 m 60	4 m 70	4 m 50	3 m 20	150 à 200 tx
Etat qui résultera de la continuation des chasses.	7 m 00	5 m 70	6 m 50	4 m 70	500 à 600 tx

Le mouvement du port qui, oscille depuis quelques années autour de 25,000 tonneaux, tant à l'entrée qu'à la sortie, s'élèvera facilement à 100,000 tonneaux, lorsque le chemin de fer concédé des Sables à la ligne d'Angers à Niort aura fait des Sables-d'Olonne l'entrepôt du commerce des départements voisins traversés par la ligne de fer; le port et le chemin de fer vivront l'un par l'autre, et on peut évaluer à *un million* environ la portion de trafic annuel que le port amélioré procurera au chemin de fer. Ce trafic portera principalement sur les céréales, les engrais, les houilles, les matériaux de construction, les bois du Nord, à l'importation; les blés, les légumes secs, les bois de construction provenant du Bocage, et les divers produits de l'industrie du pays, à l'exportation, notamment ceux de la pêche.

V

NOTE SUR LE PORT DES SABLES-D'OLONNE.

§ 1er

Historique du port des Sables-d'Olonne. Son importance appréciée par Louis XI, Richelieu, le gouvernement de Louis XVI, Napoléon Ier.

Le port des Sables-d'Olonne, bien que rangé par son importance commerciale actuelle au nombre de nos ports secondaires, a été jadis l'un des plus florissants du littoral français.

Ce port, situé sur la pointe la plus saillante de la côte entre Nantes et la Rochelle, dans l'anse formée par l'Ile-d'Yeu et l'île de Ré, s'ouvre sur la pleine mer et jouit de l'avantage inappréciable de n'avoir aucun danger aux attérages, puisque les rochers des Barges sont aujourd'hui signalés par un phare. Placé à l'entrée d'une baie intérieure, dont le fond est de sable et peut se creuser partout à dix mètres en contrebas des pleines mers avant de rencontrer le rocher, mis à l'abri des vents les plus dangereux par les hauteurs de la Chaume et par la ville qui vient s'interposer entre lui et la mer, s'ouvrant au sud-est sur une rade abritée en partie par la pointe Saint-Nicolas, le port des Sables est une de ces positions exceptionnelles qu'il semblerait nécessaire de créer, si elle n'existait pas, et qu'il était bien juste de songer à perfectionner puisque la nature paraissait avoir tout préparé pour cela.

Cette idée que nous avons vue partagée par tous les hommes compétents qui ont visité les Sables de nos jours, avait frappé également tous les esprits supérieurs qui ont présidé successivement aux destinées de la France. Ainsi, dès le 10 décembre 1472, on trouve dans les mémoires de Philippe de Commines une lettre-patente du roi Louis XI qui étant venu aux Sables, prescrivait l'étude de moyens d'améliorer ce port *parce qu'il était bon et bien seur et autant ou plus que nul autre port qui soit en notre royaulme et qu'il pourrait avoir tel regnom que tous marchands et estrangers y viendraient voluntiers habunder.*

Plus tard le cardinal de Richelieu s'était proposé d'en faire un port militaire à deux entrées, la 2e étant située à 15 kilomètres au nord, au hâvre de la Gâchère, et mise en communication avec le port par un canal qui, chose remarquable, va probablement s'exécuter incessamment en vue du dessèchement des marais situés en arrière des dunes qui longent cette portion de la côte.

On ne s'étonnera pas des vastes projets conçus dès cette époque reculée en faveur du port des Sables, quand on saura que pendant le xviie siècle et jusque vers le milieu du xviiie ce port comptait plus de mille marins réputés comme les plus hardis et les meilleurs de la flotte, et se livrait aux expéditions nombreuses et lointaines, telles que la pêche de la morue, le commerce avec les colonies (1), etc.

C'est vers 1760 que le port des Sables vit son antique prospérité compromise par des ensablements survenus dans le chenal. Mais le gouvernement de Louis XVI n'hésita pas à consacrer la somme énorme pour le temps de 2,202,000 livres pour établir le grand môle et les autres ouvrages de l'entrée du port qui ont été terminés en 1785, et qui ont apporté un remède efficace au mal que l'on voulait combattre. Dès cette époque, on avait arrêté le programme de ce qui restait à faire, consistant en écluses de chasse et bassin à flot. Les troubles funestes de la Révolution n'étaient pas encore apaisés, lorsque le ministre de la marine, qui venait de faire entrer momentanément les ports de commerce dans ses attributions, chargeait une commission d'officiers supérieurs de la marine et d'ingénieurs de reprendre cette importante question. Nous avons entre les mains un rapport fort remarquable, en date du 20 brumaire an IX, de M. Teulère, ingénieur en chef des travaux hydrauliques, où l'on propose de compléter le programme précédent par une jetée d'abri pour la rade, et où l'on rapporte que le général Martin et les officiers supérieurs de Rochefort ont déclaré *qu'il serait infiniment avantageux de donner suite à ces propositions, et qu'on obtiendrait ainsi non-seulement un bon port de relâche pour les vaisseaux ou frégates, mais encore un des meilleurs ports de commerce de la République.*

(1) Un document incontestable signale ce fait, que le 20 février 1746, 15 navires, en armement pour Saint-Domingue, étaient amarrés au quai des Sables et y ont éprouvé des avaries par suite du ressac.

Enfin, le 5 prairial an XII, l'Empereur Napoléon Ier, dans le décret de fondation de la ville de Napoléon-Vendée, a donné la sanction de son génie à l'idée émise par ses devanciers en disant : Article IV. *Un mémoire et des projets seront dressés pour faire connaître les améliorations nécessaires au port des Sables pour qu'il devienne le port d'entrepôt de toute la Vendée.*

Comment se fait-il qu'une idée qui avait occupé tant d'esprits supérieurs n'ait été jusqu'à présent que fort imparfaitement réalisée ?

C'est dans les événements politiques qu'il faut peut-être en chercher la raison. La Vendée, épuisée d'abord par une lutte funeste, et repliée ensuite sur elle-même et se tenant trop à l'écart, n'a pas pris jusqu'à présent sa part du mouvement progressif du reste de la France. Cependant une loi du 16 juillet 1845, autorisa l'exécution d'une série de travaux dans l'intérieur du port, travaux qui, suspendus en 1848 et repris en 1857, ont doté les Sables-d'Olonne d'écluses de chasse très-puissantes, d'un vaste port d'échouage bordé de quais, de cales de constructions navales, mais qui laissent encore aujourd'hui un bassin à flot inachevé, et n'ont rien fait pour la protection de la rade et de l'entrée du port.

§ II

Etat actuel du port des Sables. — 1er Projet de 1,720,000 fr. approuvé récemment par le Conseil des Ponts-et-Chaussées.

Malgré cela, les ouvrages existants aujourd'hui représentent une valeur de plus de six millions et composent un ensemble fort important et qui appelle naturellement le complément indispensable pour vivifier le tout et tirer tout le parti possible des sacrifices faits par le trésor jusqu'à ce jour. Pénétré de cette pensée et frappé d'ailleurs des avantages naturels du port des Sables, M. de Franqueville, directeur général des ponts-et-chaussées, dans une visite qu'il fit récemment dans cette localité, prescrivit l'étude des travaux complémentaires, mais en les réduisant au chiffre de dépense le plus bas possible.

En conséquence, M. Forestier a présenté, et le conseil général des ponts-et-chaussées a approuvé, il y a peu de temps, un projet dont la dépense est évaluée à 1,720,000 fr. et qui comprend deux parties distinctes :

1re : Achèvement du bassin à flot et reprise des fondations du grand môle pour les mettre en rapport avec l'approfondissement opéré dans le chenal pour les écluses de chasse; dépense qu'on peut évaluer à un million;

2e : Exécution de brise-lames nécessaires pour détruire le ressac qui se fait sentir actuellement dans le port et consistant : 1º En une vaste poche à créer sur la droite du chenal dans le grand môle; 2º en une autre poche à établir dans les rochers sur la gauche du chenal; 3º en une petite jetée à construire sur le rocher dit Pierre-du-Port, pour couvrir un peu mieux l'entrée contre la lame. La dépense pour ces brise-lames peut être évaluée à 720,000 fr.

La réalisation de ce projet marquera certainement une ère nouvelle pour le port des Sables. Car les ouvrages de l'intérieur de ce port ne laisseront rien à désirer, on y trouvera un bassin à flot de 4 hectares de superficie avec une écluse de 16 ^{m} 50 d'ouverture et 6 ^{m} de tirant d'eau aux pleines mers de vives eaux, pouvant, par conséquent, abriter tous les navires fins du commerce jusqu'à 5 ou 600 tonneaux, et les bateaux à vapeur de la marine impériale jusqu'à 2 ou 300 chevaux de force. L'ouverture du bassin étant située près de l'entrée du port, on sera bien sûr que les puissantes écluses de chasse dont nous disposons entretiendront un chenal d'accès où il y aura au moins de 6 à 7 ^{m} d'eau.

Quant au port d'échouage, il sera dans les meilleures conditions une fois mis à l'abri du ressac, puisqu'il est entouré de quais, qu'il a une superficie de 10 hectares, et qu'il trouvera en cas de besoin un utile complément dans une partie du bassin de retenue des chasses qui, sur 20 hectares au moins, offre la profondeur nécessaire pour recevoir les petits bâtiments de commerce. — On aura donc un très-vaste port d'échouage complété par un bassin à flot, le tout établi dans les meilleures conditions possibles.

VI

NOTICE SUR LE PHARE DES BARGES.

Emplacement. — Le phare des Barges, commencé en 1857 et terminé en 1861, est situé à l'ouest du port des Sables-d'Olonne, à 2100 mètres de la côte, sur le plateau de la Grande-Barge d'Olonne, qui a 600 mètres environ de longueur sur 300 mètres de largeur, et qui est entièrement sous-marin, à l'exception de quelques aiguilles qui s'élancent çà et là par groupes isolés.

Les courants de marée n'y sont pas très-forts; mais la mer y est d'une violence extraordinaire, parce que les grandes lames de l'Atlantique arrivent sur le plateau sans avoir rencontré jusque-là aucun obstacle de nature à diminuer leur puissance. On en donnera une idée en citant ce fait que souvent, dans les gros temps, les paquets de mer s'élèvent contre la tour à plus de 30 mètres de hauteur et retombent avec force sur la coupole du phare.

On n'a pas pu placer l'édifice sur l'aiguille la plus haute et la plus facile à aborder, parce qu'elle n'offrait pas une assiette suffisamment sûre. Celle sur laquelle on a dû s'établir est une des plus exposées aux coups de mer du large; son niveau moyen ne dépassait que de 0m50 les basses mers de vives eaux ordinaires, et se trouvait à 0m80 au-dessous des basses mers de mortes eaux ; il a fallu, en certains points, descendre les fondations jusqu'à 1m20 en contre-bas du niveau moyen, c'est-à-dire jusqu'à 0m70 en contre-bas du niveau des basses mers des vives eaux ordinaires. C'est dire assez toutes les difficultés qu'on a eu à surmonter pour l'établissement des premières assises ; elles ont été d'autant plus grandes que le rocher est formé d'un granit extrêmement dur, sur lequel un tailleur de pierres usait en une heure de travail plus de dix pointes de marteau fortement aciérées.

Les inégalités de la surface et les filons inclinés que présentait la roche sur une partie de son étendue, ont engagé à encastrer la première assise du parement de 0m25, à 0m30 dans le rocher, afin de s'opposer à tout mouvement de glissement. On a, en conséquence, creusé sur tout le pourtour du phare une rigole circulaire de 1m50 de largeur, disposée par gradins horizontaux que l'on a raccordés au moyen des pierres de hauteur variable qui forment les trois premières assises.

Ce dérasement n'a pas exigé moins de deux campagnes tout entières, celles de 1857 et de 1858.

Dès le commencement des travaux, on ne tarda pas à reconnaître la nécessité de se couvrir contre les lames venant du large par des ouvrages accessoires, de nature à faciliter les débarquements et à permettre d'utiliser le plus grand nombre de marées possible, aussitôt que l'ouvrage principal commencerait à dominer le niveau des hautes mers.

Une jetée de 3m50 de largeur en couronne a été

construite à cet effet sur 70 mètres de longueur du sud au nord, en partant du pied du phare, de manière à abriter de la lame venant de l'ouest, et l'on a complété cet ouvrage par une petite amorce partant aussi du phare et dirigée vers l'est, afin de former éventail avec la grande jetée et d'abriter ainsi contre la lame du sud.

Le couronnement de la grande jetée a été établi au niveau des hautes mers de mortes eaux, ce qui a parfaitement suffi pour abriter les canots pendant le temps nécessaire au débarquement des matériaux.

L'amorce dirigée vers l'est a été exécutée progressivement, afin d'observer les résultats successifs qui se produiraient ; car, par un effet qu'on observe toujours sur les plateaux isolés dont le relief offre l'aspect d'un vaste cône, la lame, bien que venant généralement du sud-ouest, contournait le plateau et revenait en longeant le parement intérieur de la grande jetée, dans une direction presque opposée à la lame principale ; de là le parti auquel on a été conduit de laisser en arrachement l'amorce à l'est du phare, au risque de ne pas détourner aussi efficacement la lame du sud-ouest, mais afin de laisser à celle du nord une ouverture pour s'échapper, et d'éviter ainsi le ressac énorme qu'elle aurait produit au point de débarquement, en se réfléchissant contre le parement plein des ouvrages du phare et de la jetée de l'est.

C'est la même considération qui a conduit plus tard à construire une tourelle isolée du phare, pour y établir le treuil de la grande ligne de levage.

Les ouvrages accessoires, dont la dépense peut être évaluée à 80,000 fr., ont été commencés dès la campagne de 1858, continués en 1859 et terminés seulement au commencement de la campagne de 1860.

Exécution simultanée du phare et des ouvrages accessoires. — L'exécution des ouvrages accessoires n'a pas retardé notablement la construction principale, parce qu'on n'a jamais négligé de travailler au phare toutes les fois qu'on l'a pu. Ainsi, en 1858, on achevait presque entièrement le dérasement du rocher; en 1859 on parvenait à débarquer et à poser les premières assises du plan ; c'est dans l'exécution de ces premières assises qu'on a eu à surmonter les plus grandes difficultés.

La principale cause de retard provenait du goëmon qui, à chaque interruption de quelques jours, recouvrait les portions de rocher encore à nu, les pierres de granit et la maçonnerie de blocage.

Il était indispensable d'enlever ce goëmon pour bien relier les nouvelles maçonneries aux anciennes ou au rocher ; on y est parvenu par l'emploi de l'acide chlorhydrique, qui détruisait l'élément calcaire au moyen duquel se fixait sur ce rocher la racine de la plante.

Apparaux. — Les pierres des quatre premières assises furent débarquées et posées au moyen de petits apparaux provisoires. Des apparaux plus puissants avaient été installés ensuite, mais ils furent emportés par la tempête de la fin d'octobre 1859.

Ils furent remplacés par des apparaux qui se composent : 1° D'un mât vertical tournant, reposant sur un pivot, et maintenu en tête par un collier et quatre étais en chaînes de fer; 2° d'un bras mobile à volée variable qui, à la fin de chaque marée, venait s'accoler au mât vertical de manière à ne donner que le moins de prise possible à la mer.

C'est cette grue qui a servi jusqu'à la fin du travail.

Pour la pose, on adopta provisoirement un système de petite grue tournante qui se rabattait par terre à la fin de chaque marée, et qui servit jusqu'au moment où l'on put, sans crainte de la voir enlever par la mer, placer la petite hune susceptible de monter dans l'intérieur de la tour creuse, au fur et à mesure de son élévation, et qui a servi au montage et à la pose de toute la partie creuse de la tour, depuis la quatrième assise au-dessus du radier de la cave.

Cette hune consistait en quatre arbalétriers assemblés sur un poinçon creux, et reliés par les pièces du plancher, ainsi que par diverses armatures. Un pont saillant et un petit chariot permettaient de saisir les pierres au dehors de la tour, de les rentrer pour les déposer sur le haut, puis de les reprendre et de les distribuer au moyen d'une bigue roulant sur un cercle en fer.

Elle reposait, par chacun de ses quatre pieds, sur une série de poteaux superposés et bien étrésillonnés le long du parement intérieur du phare.

On la relevait de deux en deux assises, au moyen de quatre verrins placés sous les quatre pieds de la hune et d'un cric placé sous le pont de service.

En 1860, on acheva entièrement la jetée, et l'on éleva le plan du niveau de la jetée à celui du pavé du vestibule.

La construction de la cave exigea du reste un temps assez long, parce qu'elle fut souvent remplie d'eau par des paquets de mer, ce qui nécessita d'assez fréquents épuisements, et fit, par conséquent, perdre une grande partie du peu de temps qu'on pouvait passer au phare ; les cintres de la voûte, plusieurs fois dérangés, furent aussi une nouvelle cause de retard.

Les travaux purent être achevés dans la campagne de 1861. L'éclairage fut installé le 15 octobre de la même année.

Le tableau suivant résume le temps pendant lequel on a pu travailler ; il donnera une idée des difficultés que la mer a apportées à l'exécution des travaux.

ANNÉES.	TEMPS pendant lequel on a pu travailler		NOMBRE DE MARÉES qu'on a utilisées		NOMBRE de fois où l'on a pu débarquer pour travailler.
	au phare.	aux jetées.	au phare.	aux jetées.	
1857.	h. 37 3/4	h. »	24	»	24
1858.	45 1/2	117	29	51	54
1859.	140	101 1/2	79	52	89
1860.	273 1/4	75 3/4	53	35	72
1861.	1464	14	144	4	107
Ensemble	1960 1/2	308 1/4	329	142	346

OBSERVATIONS. — Si le nombre des débarquements a toujours été, depuis 1858, plus faible que la somme des marées utilisées, cela tient d'une part à l'exécution simultanée du phare et des ouvrages accessoires toutes les fois que cela a été possible, et d'autre part à ce qu'en 1861 les ouvriers qui couchaient au phare ont souvent travaillé certains jours où il a été impossible de débarquer.

Description. — Le phare est construit d'après le

type adopté pour les phares en mer de troisième ordre, et consiste en une tour ayant 24m81 de hauteur au-dessus du niveau moyen du rocher, surmontée elle-même d'une tourelle en maçonnerie et d'une lanterne qui porte le plan focal à 23m16 au-dessus des plus hautes mers d'équinoxe. Le soubassement est exécuté en maçonnerie pleine, et il offre une courbure elliptique qui lui donne un empatement convenable, son diamètre, qui est de 12 mètres à la base, se réduit à 6m50 à la partie supérieure. Le masssif de soubassement est en maçonnerie de moëllons, à l'exception du parement qui est en pierres de taille de granit reliées entre elles, pour plus de solidité, par des tenons et mortaises,

Le seuil de la porte est placé à 4 mètres au-dessus des plus hautes mers, et là commence la tour creuse ayant 3m50 de diamètre intérieur, divisée en cinq étages, par des voûtes en briques, et dont les murs, formés de pierres de taille en granit, ont 1m50 d'épaisseur à la base et 0m77 au sommet. La porte s'ouvre au nord, dans l'eau de la grande jetée, et les cinq fenêtres éclairant chaque étage sont placées au sud.

La tour est couronnée par une forte corniche surmontée d'une balustrade, toutes les deux en granit, et au centre de la plate-forme s'élève la tourelle, aussi en granit, de 2 mètres de hauteur et de 2m50 de diamètre intérieur, qui porte la lanterne.

L'appareil catadioptrique a 1 mètre de diamètre intérieur et donne un feu blanc varié par des éclats rouges, de trois minutes en trois minutes.

Le parement intérieur du phare a été laissé apparent dans les deux premiers étages à partir du bas, c'est-à-dire dans le vestibule et dans la cuisine. Les trois étages situés au-dessus sont lambrissés en menuiserie de chêne ciré, avec ferrures en cuivre ou en bronze, et la chambre de la lanterne est dallée et parementée en marbre. On communique du vestibule à la cuisine par un escalier en pierre, et de la cuisine aux étages supérieurs par des escaliers en fonte. La séparation des chambres est établie par des tambours en menuiserie de chêne ciré semblable à celle des lambris.

Les fenêtres regardent le sud; on a dû prendre des précautions spéciales contre l'action de la lame, ce qui a conduit à placer dans le vestibule et la cuisine des châssis en bronze, et à substituer, pour toutes les fenêtres, des glaces de 9 millimètres d'épaisseur aux verres doubles dont on se sert habituellement.

Au lieu de la simple citerne qu'on établit ordinairement dans le soubassement, au-dessous du dallage du vestibule, pour contenir l'eau destinée aux gardiens, on a fait, au phare des Barges, une cave de 3^m20 de diamètre intérieur, descendant à 2^m70 au-dessous du dallage du vestibule, et qui communique avec celui-ci par un escalier en pierre de 0^m60 de largeur et une ouverture circulaire de 0^m65 de diamètre, réservée dans la clef de la voûte, et fermée au moyen d'un couvercle en fonte. Dans cette cave on a placé trois caisses à eau en tôle cylindrique de 0^m60 de diamètre, contenant chacune 400 litres d'eau; sous l'escalier on a fait une soute à charbon, fermée par une porte en tôle galvanisée, et où l'on peut verser le charbon par un trou réservé dans le dallage du vestibule. Il reste encore, malgré cela, dans la cave, de la place qu'on utilise pour le dépôt de divers objets qui seraient une cause d'encombrement et de malpropreté dans le vestibule ou dans les chambres.

Dépenses. — Les travaux à l'entreprise n'ont comporté que la fourniture des matériaux nécessaires à la construction du phare et leur préparation sur les quais du port des Sables-d'Olonne.

Le transport et l'emploi des matériaux a eu lieu en régie, ainsi que l'acquisition des ciments.

La dépense autorisée était de. . . . 477,317 43
Elle ne s'élève qu'à. 450,000 00

L'économie de. . . . . 27,317 fr. 43
a été réalisée malgré des difficultés tout-à-fait exceptionnelles et dont la note ne peut donner qu'une idée fort incomplète.

Les travaux du phare des Barges ont été exécutés sous la direction de M. Forestier, ingénieur en chef des ponts et chaussées. Commencés par M. Legros, aujourd'hui ingénieur en chef du port de Boulogne, ils ont été continués depuis 1858, et menés à terme, par M. Marin, ingénieur des ponts et chaussées.

M. Jacquet, conducteur des ponts et chaussées, aujourd'hui chargé des travaux du phare en conssur le cap Spartel, au Maroc, a prêté aux ingénieurs un concours dévoué.

Les ingénieurs ont trouvé, d'ailleurs, le même dévouement dans les ouvriers et marins qui ont travaillé sous leurs ordres.

L'entrepreneur a été M. Chaigneau, des Sables-d'Olonne.

VII

CRÉOSOTAGE DU BOIS POUR SA CONSERVATION ET SA PRÉSERVATION DES ATTAQUES DU TARET.

Préserver de la destruction, conserver, est presque égal de créer. Une profonde reconnaissance est donc due à ce titre aux hommes de génie dont la haute intelligence s'applique à cette œuvre de préservation. Tout le monde lira avec un profond intérêt la description d'un procédé introduit aux Sables-d'Olonne par l'éminent ingénieur en chef du département de la Vendée; et les hommes compétents que le soin de leur santé amènera aux bains de mer iront visiter l'usine, où se pratique en grand le procédé que nous allons décrire.

On s'est de tout temps préoccupé du moyen de prolonger artificiellement la durée des bois et de les mettre à l'abri de l'attaque des mollusques, vers et insectes, dont quelques-uns les dévorent avec une rapidité effrayante.

Nous ne décrirons pas les nombreux procédés qui ont été préconisés, nous dirons seulement un mot de celui qu'on met en pratique aux Sables-d'Olonne dans l'atelier que les ingénieurs des ponts-et-chaussées ont, sur leur proposition, été autorisés à établir et qui fonctionne sous leur direction.

L'expérience a prouvé qu'en imprégnant les bois de créosote (1), on prolonge de beaucoup leur durée et qu'on les rend inattaquables à presque tous les parasites.

En Angleterre et en Belgique, les traverses de chemin de fer sont généralement en bois de sapin créosotés ; en France, où le créosatage coûte plus cher, on donne généralement la préférence aux bois injectés de sulfate de cuivre ; aussi n'est-ce pas au point de vue de la conservation des bois dans les circonstances ordinaires qu'a été installé l'atelier de créosotage du port des Sables-d'Olonne. C'est dans un but tout spécial, celui de les mettre, lorsqu'ils sont immergés à la mer, à l'abri des ravages du taret qui les détruit en peu de temps en les perforant d'une multitude de canaux circulaires qui donnent à leur section transversale l'apparence d'un véritable rayon de miel.

(1) La créosote du commerce dont on se sert pour l'injection des bois n'est autre chose que l'huile lourde qu'on retire de la distillation du coaltar, en prolongeant l'opération jusqu'à ce qu'on ait atteint la température de 260 à 300 degrés centésimaux, après avoir, au préalable, mis de côté le produit de la distillation jusqu'à 160°, dont une partie (les eaux ammoniacales, les carbures d'odeur aliacée, etc., etc.) n'est pas utilisée, et dont l'autre (les huiles légères, la benzine notamment) est très-recherchée par l'industrie.

La créosote n'est donc pas un corps homogène ; elle est le mélange, dans des proportions variables suivant la nature du coaltar, de diverses substances parmi lesquelles nous citerons la créosote proprement dite, l'acide phénique et la naphtaline. Elle a l'apparence d'une masse huileuse d'une couleur jaune verdâtre, d'autant plus jaune qu'on l'a obtenue à une température plus élevée.

Dans ses *Souvenirs d'un Naturaliste*, M. de Quatrefages s'exprime ainsi :

« Les tarets sont des mollusques acéphales; ils appartiennent à la même classe que l'huître, les moules, etc., et pourtant rien de moins semblable au premier coup-d'œil. Qu'on se figure une espèce de ver d'un blanc légèrement grisâtre, ayant parfois jusqu'à un pied de long sur six à huit lignes de diamètre, terminé d'un côté par une sorte de tête arondie, de l'autre par une sorte de queue bifurquée : tel est l'aspect que présente un taret sorti de son tube et entièrement développé. La tête est formée par deux petites valves assez semblables aux deux moitiés de la coque d'une noisette qu'on aurait profondément échancrées.

« A voir cette coquille si mince et si fragile, ces tissus demi-transparents, ce corps mou et presque incapable de mouvements, nul ne soupçonnerait que le taret puisse être à craindre, et pourtant ce mollusque est pour l'homme un ennemi des plus redoutables. Les tarets attaquent tous les bois submergés à peu près comme les larves d'insectes, vulgairement appelés vers, attaquent les bois exposés à l'air libre. Qu'on se figure ce que deviendraient nos arbres, nos meubles, les poutres et les solives de nos toits rongés par des vers d'un pied de long, et l'on comprendra les ravages exercés par ces mineurs obscurs dont rien ne trahit le travail. En quelques mois, en quelques semaines, des planches épaisses, des madriers de chêne ou de sapin, parfaitement intacts en apparence, sont quelquefois vermoulus de telle sorte qu'ils n'offrent plus aucune résistance et cèdent au moindre choc. Aussi a-t-on vu des navires s'ouvrir en pleine mer sous les pieds des marins, que rien n'avait avertis du danger ; aussi, dans le commencement du dernier siècle, la moitié de la Hollande faillit-elle périr sous les flots, parce que les pilotis de toutes ses grandes digues s'étaient rompus à la fois, minés par les tarets. »

Ces détails permettent d'apprécier les immenses avantages d'un procédé qui serait réellement efficace contre les ravages de ce mollusque, l'intérêt que présentent dès lors les essais qui se font aux Sables-d'Olonne sur une vaste échelle, et les services qu'ils sont destinés à rendre à toutes les puissances maritimes s'ils sont couronnés de succès, comme permettent de l'espérer les expériences entreprises depuis 1862 par M. l'ingénieur en chef du département de la Vendée, qui ont pleinement confirmé jusqu'ici les heureux résultats obtenus déjà en Angleterre, en Belgique et en Hollande.

Nous avons dit ce que c'est que la créosote ; nous allons maintenant faire connaître les détails de l'opération par laquelle on l'injecte dans les bois, après avoir au préalable décrit l'appareil dont on se sert à cet effet.

L'appareil se compose :

1° D'un cylindre, dit à injection, de 13 ^{m} 50 de longueur et 1 ^{m} 25 de diamètre, qu'on peut fermer hermétiquement et dans lequel on peut successivement faire le vide et exercer une pression de huit atmosphères, en y maintenant la température à 100° ou 110° à l'aide de quatre tubes intérieurs accolés aux parois du cylindre et dans lesquels peut circuler un courant de vapeur.

2° D'un réservoir placé sous le cylindre, dans lequel on verse la créosote qui peut y être maintenue à une température de 60° à l'aide d'un courant de vapeur circulant dans un serpentin disposé à cet effet.

3° D'une pompe pneumatique pouvant faire le vide jusqu'à 0,15 de mercure.

4° De deux pompes foulantes capables de refouler la créosote dans le cylindre sous une pression habituelle de huit atmosphères.

5° D'une machine à vapeur de six chevaux destinée à faire mouvoir les pompes et à fournir la vapeur nécessaire pour maintenir dans le cylindre et le réservoir les températures indiquées plus haut.

Le créosotage des bois se fait ainsi qu'il suit :

1° On les introduit dans le cylindre à l'aide de petits wagons roulant sur des rails disposés à cet effet à sa partie inférieure, on ferme toutes les issues et on soumet, pendant une demi-heure environ, les bois à une température de 60° à 110°, suivant leur nature, en même temps qu'on élève dans le réservoir celle de la créosote à 60°.

2° Tout en maintenant la température aux degrés ci-dessus, on fait fonctionner la pompe pneumatique et on pousse le vide jusqu'à 0.25 de mercure, on ouvre le robinet qui met le cylindre en communication avec le réservoir où se trouve la créosote, qu'on laisse monter d'elle-même dans le cylindre qu'elle remplit à peu près à moitié ; on ferme ce robinet, on remet en mouvement la pompe pneumatique pour refaire le vide dans la partie supérieure du cylindre, et on s'arrête lorsqu'on est arrivé comme la première fois à 0.25 de mercure. On rouvre le robinet pour faire monter de nouveau la créosote, et lorsque son ascension s'arrête, on ouvre un second robinet qui met l'intérieur du cylindre en communication avec l'air extérieur.

3° On met alors en mouvement les pompes foulantes pour remplir le cylindre, et lorsqu'il est plein, ce qu'indique la sortie de la créosote par ce second robinet, on le ferme et on continue de faire fonctionner les pompes de manière à maintenir dans le cylindre une pression constante de huit atmosphères un temps plus ou moins long, variant de une à deux heures, jusqu'à ce que les bois aient absorbé la quantité voulue de créosote, ce que constate une échelle graduée placée dans le réservoir.

4° On arrête alors les pompes foulantes et on laisse refroidir la créosote non absorbée, qu'on fait ensuite couler dans le réservoir.

5° On laisse un certain temps les bois dans le cylindre, d'où on ne les retire qu'après qu'ils ont réagi contre la pression à laquelle ils ont été soumis, parce que dans cette réaction ils rejettent une petite quantité de créosote qui serait perdue si on retirait trop tôt les bois du cylindre.

VIII

CHEMINS DE FER DE LA VENDÉE.

Le port des Sables-d'Olonne sera bientôt mis en communication avec tous les points du territoire par les chemins de fer concédés de Nantes à Napoléon-Vendée, et de Napoléon-Vendée à la Rochelle, aux Sables-d'Olonne et à Bressuire.

La ligne de Nantes à Napoléon-Vendée, qui doit passer par ou près Clisson, Montaigu, l'Herbergement et Belleville, a été, par décret du 19 juin 1857, concédée à la compagnie d'Orléans, qui s'était engagée à l'exécuter dans un délai de 8 années expiré le 19 juin 1865 ; mais qui ne l'a livrée à la circulation qu'à la fin de 1866.

La ligne de Napoléon-Vendée à la Rochelle, qui doit passer par ou près Mareuil, Luçon, Chaillé-les-Marais et Marans, a été, par décret du 6 juillet 1862, concédée aux fils de Guilhou jeune, qui se sont engagés à l'exécuter dans un délai de 8 années qui expirera le 8 juillet 1870.

Les lignes de Napoléon-Vendée aux Sables-d'Olonne et à Bressuire, qui doivent passer : la 1re par ou près les Clouzeaux, la Mothe-Achard et Olonne ; la

2° par ou près la Chaize-le-Vicomte, Bournezeau, Chantonnay, la Meilleraie, la Forêt-sur-Sèvre et Saint-Marsault, ont été, par décret du 28 février 1863, concédées à MM. comte de Moutiers, Thomas Savin, de Puiberneau, Pope Hennessy, Benjamin Oliveira, Bonnin, Paul Margetson, James Morish, E.-P. de Colquhoun, Richard Kyrke-Penson et marquis de Ripert-Monclar, qui se sont engagés à les exécuter dans un délai de 8 années qui expirera le 4 mars 1871, et auxquels a été, par le même décret, concédé éventuellement le prolongement vers Tours du chemin de Napoléon-Vendée à Bressuire.

On travaille au chemin de fer de Napoléon-Vendée aux Sables-d'Olonne, qui sera certainement livré à la circulation au plus tard en même temps que celui de Nantes à Napoléon.

IX

ORIGINE DES BAINS DE MER.

Quel est l'écrivain qui, dans l'avenir, sera assez audacieux pour aborder la question de la mer, sans recourir, comme à une source inspiratrice, au magnifique ouvrage de M. Michelet intitulé LA MER ? Une analyse avec extraits de ce beau poëme en prose nous a d'abord tenté : il nous semblait bon d'inaugurer par un coup d'œil général sur la mer, sur ses bienfaits et ses produits, un Guide des Baigneurs. Mais cette entreprise nous aurait entraîné trop loin et aurait surtout dépassé les limites qui nous sont prescrites. Dès lors nous avons dû nous borner à la partie du livre qui rentre directement dans notre plan. Nous avons dû, en raison de la destination honorable du Guide, dont nous voulons que « *la mère puisse permettre la lecture à sa fille,* » prendre avec l'illustre écrivain certaines précautions. Après avoir été un grave historien, un profond philosophe, un naturaliste charmant, M. Michelet, parvenu à un âge déjà avancé, est tombé — phénomène étrange et regrettable pour sa gloire ! — dans une espèce d'hystérisme littéraire plein de danger pour de jeunes

esprits. De là, après ses livres enchanteurs de l'*Oiseau*, de l'*Insecte* et de la *Mer*, trois livres plutôt de clinique que de littérature, qui se nomment la *Femme*, l'*Amour*, la *Sorcière*.— Or, cette déplorable manière, si tardivement et si malheureusement venue à M. Michelet, tache de ci de là les plus belles pages du livre sur la Mer. Ce sont ces taches que nous avons enlevées dans notre analyse d'ailleurs très-fidèle. Nos lecteurs et l'auteur lui-même y auront tout profit.
— Cela dit, nous laissons la parole au poëte docteur-médecin-hydrothéropate, sans diplôme.

LA RENAISSANCE PAR LA MER.

§ I. L'origine des bains de mer.

La mer, si mal traitée par l'homme dans la guerre impitoyable faite par lui à ses habitants, n'en a pas moins été pour lui généreuse et bienfaisante. Lorsque la terre, qu'il aime tant, la rude terre, l'usait, l'épuisait, c'est cette mer redoutée, maudite, qui l'accueillait sans rancune, lui rendait la sève et la vie....

Elle a tous les éléments de la vie dans une merveilleuse plénitude. Pourquoi, quand nous défaillons, n'irions-nous pas nous refaire à la source débordante qui nous invite à puiser ?

Elle est bonne pour tous, mais plus bienfaisante, ce semble, pour les créatures moins éloignées de la vie naturelle, pour les enfants innocents qui souffrent des péchés de leurs pères, pour les femmes, victimes sociales, qui, moins coupables que nous, portent cependant bien plus le poids de la vie. La mer, qui est une femme — Amphitrite — se plaît à les relever ; elle donne sa force à leur faiblesse ; elle dissipe leurs langueurs ; elle les pare et les refait belles, jeunes de son éternelle fraîcheur. Vénus, qui jadis sortit d'elle, en renaît encore tous les jours, — non pas la Vénus énervée, la pleureuse, la mélancolique, — la vraie Vénus victorieuse, dans sa puissance triomphale.

Comment entre cette grande force, salutaire, mais âpre, sauvage, et notre grande faiblesse, peut se faire le rapprochement ? Quelle union entre deux partis à ce point disproportionnés ? C'était une grande question. Un art, une initiation, y furent nécessaires...... En Angleterre, un grand seigneur curieux, le duc de Newcastle, demande au docteur Russell pourquoi la race s'altère, va dégénérant, pourquoi ces lis et ces roses couvrent des scrofules ?

La réponse du docteur fut un livre important et curieux : *De tabe glandulari, seu de usu aquæ marinæ*, 1750 ; ce qui veut dire : Des scrofules et de l'usage des eaux de mer.

Les grandes idées de rénovation étaient trouvées. Le Morave Coménius, devançant Rousseau d'un siècle, avait dit : « Revenez à la nature. Suivez-là dans l'éducation. » — Le saxon Hoffmann avait dit : « Revenez à la nature. Suivez-là dans la médecine. » Il avait ajouté : « Fuyez les médecins ; soyez sobre et buvez de l'eau. » Ce fut une réforme morale. Ainsi nous avons vu Priessnitz (1) imposer à la plus haute aristocratie de l'Europe la plus rude pénitence, la nourriture du pain des paysans, tenir en plein hiver les dames les plus délicates sous des cascades d'eau de neige, au milieu des sapins du Nord, dans un enfer de froid qui, par réaction, en fait un de feu. Tellement violent est dans l'homme l'amour de la vie, si forte est sa peur de la mort, sa dévotion à la nature, quand il en espère un répit.....

Dans quel affreux désert, dans quelle sombre forêt ne va-t-on pas chercher les eaux qui sortent de la terre ! quelle religion superstitieuse pour ces sources redoutables qui nous apportent les vertus cachées et les esprits du globe ! j'ai vu des fanatiques qui n'avaient de Dieu que Carlsbad, ce miraculeux rendez-vous des eaux les plus contradictoires. J'ai vu des dévots de Barèges.....

Les thermes, eaux minérales chaudes, c'est la vie ou la mort : leur action est décisive. Que de malades auraient langui et leur ont dû une prompte fin ! Souvent ces puissantes eaux donnent une subite renaissance, ramènent un moment la santé et font un rappel redoutable des passions d'où est né le mal. Celles-ci reviennent violentes, à gros bouillons, comme les sources brûlantes qui les réveillent....

---

(1) Priessnitz Vincent, fondateur de l'hydrothérapie, né en 1799 à Græfenberg (Silésie), mort en 1851, créa, vers 1826, un établissement dans son pays natal pour le traitement des maladies par l'eau froide. Sa doctrine repose sur trois principes hygiéniques : l'eau, l'exercice et le régime. Il a inventé spécialement l'enveloppement dans un drap mouillé, pour provoquer la transpiration par la réaction.

Autre est le souffle de la mer. De lui-même, il purifie. Cette pureté vient aussi de l'air. Elle vient surtout de l'échange rapide qui se fait de l'un à l'autre, de la transformation mutuelle des deux océans. Nul repos ; nulle part la vie ne languit et ne s'endort. La mer la fait, défait, refait. De moment en moment, elle passe, sauvage et vivace, par le creuset de la mort. L'air, encore plus violent, battu et rebattu du vent, emporté des tourbillons, concentré pour éclater dans les trombes électriques, est en révolution constante.

Vivre à terre, c'est un repos ; vivre à la mer, c'est un combat, un combat vivifiant....

Les populations des côtes, que la mer nourrit, y pressentent par instinct une grande puissance de vie. Elles sont frappées d'abord de sa vertu purgative. Elles ont fort bien remarqué que cette purgation aide à neutraliser le mal du temps, les scrofules, les plaies qui en résultent, elles croient son amertume excellente contre les vers qui tourmentent les enfants. Elles mangent volontiers des algues et certains polypes, devinant l'iode dont ils sont chargés, et sa puissance constrictive pour assainir, raffermir les tissus.

Le docteur Russell a fait de ces recettes populaires le livre dont nous avons donné le titre. Il y dit un mot de génie : « Il ne s'agit pas de guérir, mais de refaire et créer. » Il se propose un miracle, mais un miracle possible : faire des chairs, créer des tissus. C'est dire assez qu'il travaille sur l'enfant de préférence, qui, quoique compromis de race, peut encore être refait.

Russell, dans ce petit livre, inventa la mer, je veux dire la mit à la mode.

Le tout se résume en un mot, mais ce mot est à la

fois une médecine et une éducation : 1° il faut boire l'eau de mer, s'y baigner et manger toute chose marine où sa vertu est concentrée; 2° il faut vêtir très-peu l'enfant, le tenir toujours en rapport avec l'air. — De l'air, de l'eau, rien de plus.

Le dernier conseil était bien hardi. Tenir l'enfant presque nu, sous un climat humide et variable, c'était se résigner d'avance à sacrifier les faibles. Les forts survécurent, et la race, perpétuée par eux seuls, en fut d'autant mieux relevée.....

———

Dans son livre ingénieux, éclairé du seul instinct populaire, Russell était loin de deviner qu'en un siècle toutes les sciences viendraient lui donner raison, et que chacune révélant quelque aspect nouveau du sujet, en la mer on découvrirait toute une thérapeutique.

Les plus précieux éléments de l'animalité terrestre sont richement dans la mer, entiers et invariables, en dépôt pour refaire la vie. Donc la science a pu dire à tous : « Venez ici, nations; venez, travailleurs fatigués; venez, jeunes femmes épuisées, enfants punis des vices de vos pères; approchez, pâle humanité, — et dites-moi tout franchement, en présence de la mer, ce qu'il vous faudrait pour vous relever. Ce principe réparateur, quel qu'il soit, il se trouve en elle. »

La base universelle de vie, le mucus embryonnaire, la mer l'a tellement, que c'est la mer elle-même. Elle en fait, en enveloppe ses végétaux, ses animaux. Sa générosité fait honte à l'économie de la terre. Elle donne : sachez donc recevoir. Sa richesse nourricière va vous allaiter par torrents.

« Mais, disent certains malades, nous sommes atteints dans ce qui fait le soutien et comme la charpente de l'homme. Nos os plient, courbés, déjetés, par la trop faible nourriture qui ne fait que tromper la faim ; ils sont ramollis, chancellent. » Eh bien, le calcaire qui leur manque abonde tellement dans la mer, qu'elle en comble ses coquilles, ses madrépores constructeurs, jusqu'à en faire des continents. Ses poissons le font voyager par bancs et par grandes flottes, si grandes, qu'échouées aux rivages, ce riche aliment sert d'engrais.

Et vous, jeune femme maladive, qui, sans oser même vous plaindre, descendez vers le tombeau, qui ne le voit ? Vous fondez, vous vous écoulez de vous-même ; mais la puissance tonique, la salubre tonicité qui rassure tout tissu vivant, elle est triplement dans la mer. Elle l'a répandue dans ses eaux iodées à la surface ; elle l'a dans son varech, qui s'en imprègne incessamment ; elle l'a, tout animalisée, dans sa plus féconde tribu, les gades. La morue avec ses millions d'œufs suffirait à elle seule pour ioder toute la terre.

Est-ce la chaleur qui vous manque ? la mer l'a, et la plus parfaite, cette chaleur insensible que tous les corps gras recèlent, latente, mais si puissante, que, si elle n'était répandue, balancée, équilibrée, elle fondrait toutes les glaces, ferait du pôle un équateur.

Le beau sang rouge, le sang chaud, c'est le triomphe de la mer. Elle peut vous roser, vous relever, pauvre fleur penchée, pâlie. Elle en regorge, en surabonde.

Voilà le mystère révélé. Tous les principes qui, dans l'homme, sont unis, la mer les a divisés, cette grande personne impersonnelle. Elle a vos os, elle a votre sang, elle a votre sève et votre chaleur. Elle a ce que vous n'avez guère, le trop plein et l'excès de force. Son souffle donne je ne sais quoi de gai, d'actif, de créateur, ce qu'on pourrait appeler un héroïsme physique. Avec toute sa violence, la grande génératrice n'en verse pas moins l'âpre joie, l'alacrité vive et féconde, la flamme dont elle palpite elle-même.

§ II. Choix du rivage.

La France a l'admirable avantage d'avoir les deux mers. De là des facilités d'alterner, selon les saisons, les tempéraments, les degrés de la maladie, entre la tonicité salée de la Méditerranée, et la tonicité plus moite, plus douce, que nous offre l'Océan.

Sur chacune des deux mers, il y a une échelle graduée de stations, plus ou moins douces, plus ou moins fortifiantes. Il est très-intéressant d'observer cette double gamme, et le plus souvent de la suivre en allant du faible au fort.

La gamme de l'Océan, qui part des eaux fortes et fortifiantes, ventées, agitées de la Manche, s'adoucit extrêmement au midi de la Bretagne, s'humanise encore en Gironde et trouve une grande douceur au bassin fermé d'Arcachon.

Ici M. Michelet étudie la géographie méditerranéenne, et dans quelques pages étincelantes de poésie décrit les sites admirables de ce lac français.

Poursuivant son analyse, l'auteur signale les plages de l'extrême nord océanique comme propres surtout aux grandes cures, aux résurrections, mais au prix d'énormes violences, que bien peu de malades peuvent endurer.

L'extrême ligne des plages océaniques, Arcachon présente les avantages et les inconvénients contraires. « Arcachon est très-doux dans ses pinadas résineuses qui ont si bonne odeur de vie. Sans l'invasion mondaine de cette grande et riche Bordeaux, sans la foule qui, à certains jours, afflue et se précipite, — même inconvénient à Royan, — c'est bien là qu'on aimerait à cacher ses chers malades, les tendres et délicats objets pour qui l'on craint le choc du monde. »

Le capricieux écrivain ne nomme pas nos Sables-d'Olonne, mais on dirait qu'il en a deviné tous les avantages. On n'a en effet qu'à jeter un coup d'œil sur une carte, et l'on remarquera aussitôt que la nature semble avoir à plaisir creusé l'anse des Sables-d'Olonne pour en faire la station la mieux calculée dans l'intérêt du plus grand nombre. L'Océan entre l'île d'Ouessant au nord et le cap Ortégal au sud-ouest forme un arc immense dont les Sables-d'Olonne occupent à peu près le point central et par conséle coin le plus abrité. La mer, sur ce point privilégié, n'est ni fougueuse, violente, tempêtueuse comme au nord ; ni endormie, molle, caressante comme à Arcachon. — Car au-delà d'Arcachon, « c'est le contraste d'une mer terrible. Hors du phare, le furieux golfe de Gascogne. Au-dedans une eau somnolente et la langueur d'un flot muet qui ne fait guère plus de bruit que n'en peut faire le petit pied sur le coussin élastique de la molle algue marine dont on affermit un sable trop mou. »

L'île de Noirmoutier, jetée par la providence

comme une indestructible digue entre l'embouchure de la Loire et la plage des Sables, préserve celle-ci de cet affreux limon, qui tatoue si disgracieusement ailleurs les pauvres baigneurs, de manière à rendre un bain d'eau propre indispensable au sortir de la mer.

Enfin, nous rapprochant de plus en plus du point que nous avons à décrire, *la Pointe de l'Aiguille* au nord et celle de *la Péruse* au sud, circonscrivent l'admirable plage des Sables de manière à l'abriter contre tous les vents, à l'exception de celui de l'ouest qui lui vient directement de la mer, et à permettre au regard du baigneur d'embrasser dans son ensemble le pittoresque abri, où il est venu chercher la santé.

Aussi, voyez avec quelle exactitude s'appliquent à la plage des Sables les lignes suivantes de M. Michelet :

« S'il s'agissait d'une vie entamée, fragile, d'un enfant faible et maladif, ou d'une femme trop aimée, fatiguée, nous chercherions un lieu plus doux (que la côte normande) pour abriter ce trésor. Une plage tout-à-fait paisible et une eau déjà moins froide, *sans aller beaucoup au midi*..... Dans un climat intermédiaire, qui n'est ni nord, ni midi.... Cette mer est à peine entrée qu'elle s'humanise. Dans ce bassin, on voit quelque vie marine... Nulle part je n'ai trouvé avec une plus grande douceur la liberté de rêverie, la grâce des mers mourantes. »

Le paragraphe suivant est consacré par l'auteur à des conseils sur le choix d'une habitation. Mais, Dieu merci, les baigneurs qui adoptent la plage des Sables, n'ont besoin, à cet égard, ni de guide, ni de conseil :

ils n'ont que l'embarras du choix ; les industrieux architectes ont bâti des asiles à la portée de toutes les fortunes, depuis le castel et le châlet princier, jusqu'à la modeste chambre de garçon, depuis la location à 600 fr. par mois, jusqu'à celle de 1 fr. par jour et par lit. Tout ce qu'il faut aux baigneurs, c'est l'indication des logements disponibles, et ils la trouveront à la fin du volume.

IX

HYGIÈNE DES BAINS DE MER.

Après le poëte-historien, le médecin. Tout ce qui va suivre est l'analyse exacte, la substance de l'excellent *Traité sur les bains de mer*, par M. Lecœur, enlevé cette année même à la science. On retrouve à chaque page de ce remarquable travail, à côté des recherches du savant, les fines observations du philosophe, les sages conseils du médecin et de l'hygiéniste.

§ Ier. Des bains en général.

On entend communément par bain l'immersion du corps ou d'une partie du corps dans l'eau. Ce sont les bains simples, généraux ou partiels; mais, on a appliqué la même dénomination à l'immersion dans l'eau vaporisée (bains de vapeur), dans d'autres liquides que l'eau, ou dans l'eau chargée de différents principes (bains médicamenteux, bains d'eaux minérales, bains de mer); à l'application de diverses substances sèches ou humides, à une température variable, à une plus ou moins grande surface du corps (bains de sable, bains de marc de raisin, etc.,

etc.); enfin à l'échauffement de l'atmosphère dans laquelle on fait séjourner le corps (bains d'étuve, bains de chaleur), et même à l'exposition des mêmes parties dépouillées de vêtements à l'air libre (bains d'air).

Quelle que soit leur température, les bains liquides, généraux ou partiels produisent sur le corps des effets communs.

1º Ils forment, autour du corps de l'homme, une atmosphère plus pesante, plus dense que l'air, et qui présente, dans une étendue déterminée, un plus grand nombre de molécules au contact du corps; c'est pour cela, et à cause de sa capacité plus grande pour le calorique, qu'à une température égale l'eau nous fait éprouver à un plus haut degré que l'air les sensations de chaud et de froid. La soustraction ou l'addition du calorique se fait donc beaucoup plus rapidement dans l'eau que dans l'air.

C'est sans doute cette même densité de l'eau qui fait éprouver à certaines personnes une espèce d'oppression à l'épigastre, et les empêche de prendre des bains entiers.

Ajoutons néanmoins que cette oppression épigastrique est plus fréquemment produite par la sensation à laquelle donne lieu la température de l'eau.

2º Les bains empêchent le contact de l'air sur la peau et s'opposent pendant l'immersion aux phénomènes, d'ailleurs peu connus, de la décomposition de ce fluide.

3º Les bains fournissent à l'économie, par le moyen de l'absorption, plus ou moins d'eau, suivant leur température.

4º Les bains agissent encore par la sensation que

déterminent les diverses températures auxquelles ils sont pris.

Les bains liquides peuvent être pris à la température chaude, tiède, fraîche et froide.

Le bain chaud devrait être celui dont la température excède 35° centigrades.

Nous entendons par bain tiède, ou mieux tempéré, celui qui est donné à une température entre 28 à 35° centigrades.

Nous appelons bain frais celui qui est pris à la température moyenne de l'eau des rivières ou de la mer pendant l'été, alors qu'elles sont échauffées par les feux du soleil, c'est-à-dire arrivées à un degré variable entre 15 à 25° centigrades.

Enfin, nous réservons le nom de bains froids à ceux dont la température est inférieure à 0, 15° centigrades

§ II. Du bain frais. — Ses effets.

Le bain frais est celui qui est pris à la température de l'eau des rivières ou de la mer, pendant l'été.

Les effets primitifs du bain frais sont les suivants :

L'eau, à cette température, détermine un certain saisissement, une horripilation quelquefois même assez forte, surtout lorsqu'on n'y est point habitué, ou qu'on entre graduellement dans l'eau ; car, lorsqu'on s'y précipite, on éprouve bien une impression vive et subite de froid, mais elle disparaît promptement.

Le bain frais étant pris ordinairement pendant les chaleurs de l'été, milite avantageusement contre l'influence débilitante de cette saison. L'exhalation ne s'exerce pas, ou ne s'exerce que fort peu dans cette sorte de bain, d'où il résulte peu de perte de ce côté. Cette fonction est en partie remplacée par les urines qui semblent alors être plus activement sécrétées, par suite du roulement des fluides à l'intérieur, à en juger au moins par le besoin plus fréquent de leur émission, qui ne tarde pas à se manifester.

L'appétit est peu prononcé tant que l'on séjourne dans l'eau, la soif aussi ; il est même de remarque que si elle existait au moment de l'immersion, elle disparaît bientôt. L'eau de mer, absorbée de cette manière, produit sur nos organes absolument le même phénomène.

Si l'on n'exécute aucun mouvement, la circulation se ralentit, la respiration devient plus rare, et la calorification générale diminue, ce qui n'a pas lieu aussi rapidement si l'on prend de l'exercice.

Les effets consécutifs de ce bain sont d'abord sédatifs, puis ensuite toniques, et assez sensibles. On se sent, après son usage, plus fort et plus dispos ; la contractilité musculaire s'accroît ; il semble que les aponévroses, que la peau soient plus intimement appliqués sur le système musculaire ; l'appétit est plus vif, la digestion plus facile.

Rien n'est plus salutaire que l'habitude de ce bain ; il fortifie les constitutions faibles, délicates et molles, détruit une foule de prédispositions, et peut même guérir certaines affections chroniques.

Pourtant, il peut arriver que ce bain produise les mêmes effets que le bain froid. Ils pourront encore se produire chez des personnes fortes et robustes, et dont le tempérament réclame pourtant l'emploi des bains frais, par suite d'un séjour trop prolongé dans l'eau.

On peut poser en principe qu'on doit se retirer de l'eau dès que le bain commence à devenir désagréable.

§ III. Du bain froid. — Ses effets.

On entend par bain froid celui qui est pris à une température inférieure à 15° centigrades.

Il ne peut être que d'une fort courte durée, et détermine généralement une sensation pénible, douloureuse même, surtout si l'on entre graduellement dans l'eau, et même en s'y jetant brusquement.

L'oppression épigastrique est quelquefois assez forte pour s'opposer à l'exécution normale de la respiration, qui devient aussitôt anhélante, comme singultueuse, spasmodique, et accompagnée d'une souffrance sous-sternale, vive et anxieuse.

La peau, les articulations sont le siége d'une douleur toute particulière; les muscles, de crampes quelquefois atroces, surtout dans les membres inférieurs. La perspiration cutanée étant suspendue, l'urine devient abondante : les exhalations pulmonaires et abdominales augmentent pour la remplacer. Le cerveau, douloureusement affecté, n'a plus le pouvoir de commander des mouvements réguliers; la face se contracte; les lèvres se violacent et se rident; les mâchoires se heurtent spasmodiquement l'une contre l'autre, et, chez quelques personnes, on voit survenir des nausées, des vomissements et des convulsions.

Quant aux effets de ce bain, s'il était possible de le

prolonger, nul doute que les conséquences les plus fâcheuses ne tardâssent à en être le résultat.

S'il s'est volontairement et sciemment exposé à cette immersion, l'homme ne peut y résister longtemps. Il se retire de l'eau. Une fois qu'il a cessé d'être en contact avec elle, la plus grande partie des accidents ne tarde pas à disparaître, sauf une céphalalgie plus ou moins intense, qui, le plus souvent, persiste ; et, sous l'influence d'une réaction salutaire, provoquée par l'exercice, ou seulement par les forces vitales, toutes les fonctions rentrent dans leur ordre quasi normal.

Par l'habitude, ce bain perd une partie des effets que nous venons de signaler et devient très-tonique. On peut donc en réserver l'emploi à quelques cas spéciaux de thérapeutique; mais, comme moyen d'hygiène, il doit être rejeté.

A température égale, le bain froid ou frais, pris dans l'eau courante, déterminera nécessairement une soustraction plus prompte de calorique, que celui qui est frais dans une eau stagnante, et devra être supporté moins longtemps.

La théorie au moins le voudrait ainsi ; mais malheureusement pour le principe, quelque rationnel qu'il soit, l'expérience vient le détruire.

§ IV. — Des bains de mer en général.

Parmi les moyens thérapeutiques que l'on met en usage, il en est peu qui puissent, plus que les bains de mer, produire un plus grand nombre de résultats heureux. C'est qu'il en est peu qui soient doués d'une action aussi énergique et aussi efficace.

Ce moyen peut être considéré comme un moyen complexe agissant de plusieurs manières et sur plusieurs ordres d'organes à la fois.

D'abord, le changement de lieu, l'action d'un air plus vif et plus pur, les effets du voyage, le spectacle imposant d'une masse d'eau incommensurable, avec les mille péripéties et incidents qui viennent à chaque moment modifier le tableau, l'espérance qui anime le malade, le changement de régime alimentaire, l'exercice qu'il prend dans un pays nouveau et dans des conditions nouvelles ; toutes ces circonstances réunies, jointes à l'action médicamenteuse de l'eau de mer, font un des moyens les plus avantageux que l'on puisse proposer aux personnes faibles, languissantes, et dont l'organisation débilitée, souvent par de si divers excès, a besoin d'être tirée d'une funeste inertie.

Puis, à toutes ces causes physiques, ne s'en joint-il pas une autre d'un effet tout moral, dans le temps surtout où nous vivons ?

La vie, dans les conditions actuelles de la société, est si agitée!!!

Politique, plaisirs, affaires, littérature, théâtre, tout est convulsif et dévorant ; les sens suffisent à peine à la multitude et à l'intensité des émotions. Ne dirait-on pas que l'on veut suppléer, par l'énergie, la promptitude et la diversité de l'action, à ce que la vie a d'impatient, de borné, de défini!... On veut vivre deux fois dans le cours d'une seule existence.

Quel doit être le résultat de cette dépense exagérée de forces ?

Une fatigue qui les accable, une décrépitude morale et physique prématurée, et le besoin, si généralement senti, à une certaine époque de l'année, de donner trêve aux affaires, de détendre pour quelques jours les ressorts de l'esprit, de vivre enfin d'une vie douce et calme, et de retremper dans le repos et la méditation l'énergie physique et intellectuelle dont bientôt il faudra faire un nouvel usage.

Et quels lieux plus que les rivages de la mer sont aptes à neutraliser cet état violent et funeste! Où le corps trouvera-t-il une tranquillité plus parfaite, l'âme une quiétude plus grande que sur ses bords?

La contemplation de l'infini, la monotonie active des vagues, le retour à des penchants innocents, les sentiments de moralité, le retour aux idées véritablement religieuses, qui pourra nier que toutes ces causes n'ont point d'effet salutaire sur la santé du corps et ne secondent pas puissamment les efforts du médecin?

Envisagés sous le rapport de leur composition chimique, les eaux de mer doivent être rangées dans la classe des eaux minérales salines; et, dans cette classe, elles tiennent assurément le premier rang, par la richesse et l'énergie des principes salins qu'elles renferment.

§ V. Effet des bains de mer.

Les bains de mer sont pris frais, c'est-à-dire à une température variable entre 15 à 25° centigrades. Ils ont donc d'abord une action analogue à celle que nous avons dit appartenir aux bains frais, pris dans l'eau ordinaire.

Mais là ne se borne pas leur effet.

Les sels, les matières végéto-animales et autres

principes que l'eau de mer contient en dissolution ou en suspension, rendent d'abord sa densité plus grande et, par suite, sa pression sur toute la périphérie du corps plus forte.

Un autre effet des bains de mer, c'est l'espèce d'irritation que les sels et autres principes que contient l'eau déterminent sur la peau. C'est à cette irritation que cette sorte de bains doit en partie son efficacité. Il est de plus hors de doute que quelques-unes de ces substances sont absorbées et agissent comme toniques, comme résolutives, soit que l'absorption se fasse par la surface cutanée ou par la muqueuse pulmonaire ou digestive.

Toujours est-il que des individus pâles, souffrants, étiolés, les enfants et les adolescents surtout, ne tardent pas à en subir l'heureuse influence et à voir leur constitution se modifier d'une manière avantageuse.

A toutes ces causes efficientes nous devons ajouter que l'action des flots, qui occasionnent une percussion plus ou moins vive à la surface du corps, les mouvements gymnastiques que le baigneur est forcé d'exécuter dans l'eau, entrent aussi pour beaucoup dans l'action de cette espèce de bains.

En résumé, les effets généraux des bains de mer sont de raffermir les tissus, surtout ceux qui sont soumis à l'immersion; de donner du ton à l'ensemble de l'économie, en un mot, d'augmenter l'énergie de tous les organes et l'activité de toutes les fonctions.

Mais, par cela même qu'ils sont un moyen thérapeutique actif, on concevra qu'administrés intempestivement ils peuvent occasionner des accidents et produire un résultat contraire à celui que l'on en attendait.

Il arrive chez quelques personnes que l'effet des bains de mer n'est pas immédiat et qu'il ne commence à se manifester d'une manière avantageuse qu'après la cessation de leur emploi. Dans les affections fort anciennes, cette manière lente d'agir n'est pas un des moindres éléments des succès que l'on peut obtenir. L'expérience ne nous démontre-t-elle pas qu'en général les médications promptes et à grand effet ne réussissent que rarement dans ces sortes de maladies?

Excitation plus ou moins grande et tonicité plus ou moins prononcée, tels sont les résultats qu'on doit attendre de l'usage des bains de mer. Ces deux effets peuvent se produire isolément, ou, ce qui est plus avantageux, se combiner ensemble; mais il faut, pour atteindre ce double but, que les organes soient encore susceptibles d'une force de réaction suffisante pour que l'excitation que le bain détermine chez eux ne se borne pas à un réveil momentané de leur énergie, mais bien que cet état persiste.

Aussi voit-on chez les sujets, chez lesquels cet effet mixte est obtenu, l'action des solides se relever graduellement, la circulation des fluides s'accélérer, et l'organisation entière recevoir un mouvement général d'impulsion dont les résultats seront d'autant plus utiles et persistants, qu'ils se seront manifestés d'une manière plus lente et plus insensible.

§ VI. Des différentes plages et variétés du littoral. — De leur choix.

On peut prendre les bains de mer partout où la mer existe ; pourtant je ne pense pas que le choix des lieux soit indifférent.

A part les commodités, les avantages, les agréments qui doivent résulter de telle ou telle plage, de sa disposition, de ses sites, de ses alentours plus ou moins pittoresques ou accidentés, je crois qu'envisagés sous les points de vue hygiénique et thérapeutique, les plages et les lieux, ainsi que les différents fonds sur lesquels vient battre la mer, doivent avoir une influence marquée sur la composition de l'eau et sur l'effet des bains.

Ainsi, le littoral peut être formé de plaines arides, sablonneuses, ou de terrains bas, marécageux, sillonnés par de nombreux fossés plus ou moins stagnants; ou bien encore de prairies, de vergers plantés çà et là d'arbres plus ou moins nombreux et chargés d'une végétation luxuriante. On concevra sans peine combien, selon ces diverses conditions du littoral, les conditions hygiéniques du sol et de l'atmosphère devront être modifiées et différentes.

Les bains de mer sont plus actifs et plus profitables pris sur un littoral plat, sablonneux, aride même, balayé par les vents, que dans toute autre localité de nature et de topographie différente.

Ces localités ont l'avantage d'une élévation barométrique plus considérable ; rien ne s'oppose là au renouvellement incessant de l'air ; aucune émanation nuisible, aucune cause d'insalubrité. L'air de la mer peut y être respiré dans toute sa pureté, sa vivacité.

De plus, les baigneurs y sont forcément exposés, tout le long du jour, à une insolation constante, et cette insolation, soit directe, soit en retour, n'est pas un des moindres auxiliaires des effets du bain.

Un littoral boisé et paré d'une riche et verdoyante végétation est plus agréable à la vue, mais il fait supposer un sol plus humide, une action moindre de cet air de la mer, vif, excitant, brûlant même, à tel point que, par sa trop grande oxygénation, il devient nuisible aux végétaux; air dont le malade, au contraire, va rechercher les salutaires effets dans les affections de langueur. La plage, dans toutes ces localités, se ressent de la nature du sol du littoral : sa composition géologique est la même.

Un assez bon moyen de juger de la qualité hygiénique d'une plage, est de manger du poisson pêché sur la côte même.

S'il est délicat et franc de goût, la plage est bonne; si, au contraire, il laisse à la bouche une saveur vaseuse, c'est que le littoral est vaseux lui-même, et que l'eau qui le baigne se ressent de cette composition géologique que je regarde comme la moins salubre de toutes.

Quant au littoral formé de terrains marécageux, sillonné par de nombreux fossés, je recommande au baigneur de l'éviter avec soin, de le fuir.

Il devra encore visiter, à la marée basse, et lorsque la mer s'en est entièrement retirée, la plage sur laquelle il prendra ses bains. Il s'arrêtera à celle qui lui offrira la surface la plus plane; il se sera ainsi assuré d'un bain agréable et nullement dangereux, alors même qu'il ne saurait pas nager.

Enfin, je lui recommanderai de choisir un séjour

de bains pourvu d'un établissement de bains chauds; de nombreuses circonstances pourront souvent le mettre dans la nécessité d'y avoir recours.

§ VII. De la mer par rapport aux bains. — Des marées.

Le niveau de la mer est sujet à des changements et à des oscillations régulières dues à l'attraction que le soleil et la lune exercent sur elle.

Que l'influence de ce dernier astre soit triple de celle du premier, toujours est-il que la mer s'abaisse et s'élève régulièrement deux fois en vingt-quatre heures; c'est à ce phénomène qu'on a donné le nom de marées, et voici comment il a lieu. Pendant les six premières heures du jour la mer monte. C'est ce qu'on appelle le flux ou le flot, et lorsqu'elle a atteint sa plus grande hauteur relative, on la nomme haute mer, pleine mer. Les marins disent alors que la mer est étale.

Une fois arrivé à son maximum de hauteur relative, le phénomème du reflux se manifeste; la mer descend pendant les six autres heures du jour, temps au bout duquel elle parvient à son minimum de hauteur relative, connu sous le nom de basse mer, marée basse.

Les marins donnent à ces états de la mer les noms de jusant ou mer descendante, et d'ebbe ou mer basse.

Combien de temps la mer reste-t-elle étale ou bat-elle son plein ?

Cet espace de temps varie suivant la direction des vents, et plus encore suivant les localités, les accidents de terrain et peut-être même d'autres circonstances qui échappent à notre investigation.

C'est ainsi qu'au Hâvre, la mer reste ou semble rester étale pendant près de deux heures dans certaines circonstances.

Maintenant, si l'on veut résoudre mathématiquement cette question, la mer ne reste jamais en repos : ou elle monte ou elle descend. Elle atteint son maximum de hauteur, et aussitôt après elle recommence à perdre.

De même, aussitôt qu'elle est arrivée à son maximum d'abaissement, elle recommence à monter ; mais l'œil ne peut ni saisir ni apprécier ce point de contact.

Quelquefois, à l'époque des grandes marées surtout, le vent, ayant soufflé de terre pendant tout le temps du flux et les premiers moments du reflux, vient tout-à-coup à changer et à souffler du large. Alors on voit la mer avancer de nouveau, et pendant quelques instants revenir couvrir les points de la plage qu'elle venait de quitter ; mais tout rentre bientôt dans l'ordre. Lorsque ce phénomène se produit, les gens du métier disent que la mer fait deux eaux.

§ VIII. Composition chimique de l'eau de mer.

Quelques chimistes ont fait l'analyse de l'eau de mer dans diverses régions, et prise soit sur les côtes, soit au large. Les résultats auxquels ils sont parvenus sont loin d'être identiques.

Dans tous les cas, les différences constatées ne portent que sur les proportions des éléments constituants, et non sur les éléments eux-mêmes. Généralement on y a trouvé de la soude, de la chaux, de la magnésie, de l'acide sulfurique et de l'acide hydrochlorique ou mieux chlorhydrique. M. Wollaston y a annoncé l'existence de la potasse, et MM. Bouillon-Lagrange et Vogel celle de l'acide carbonique.

Voici, du reste, d'après l'opinion de Justus Liebig, quelle doit être sa formation. Les animaux aquatiques, dit-il, respirent l'air dissous dans l'eau : cet air est riche d'oxygène, puisqu'il en contient 32 à 33 pour 100 en volume, tandis que l'air atmosphérique n'en renferme que 21 pour 100.

Les fonctions vitales de ces animaux produisent l'acide carbonique, que l'action également vitale des plantes sous-marines décompose pour s'approprier le carbone et libérer l'oxygène.

L'oxygène s'unit encore dans la mer aux produits de la putréfaction des cadavres des animaux dont il convertit le carbone en acide carbonique, l'hydrogène en eaux, tandis que leur azote reprend la forme d'ammoniaque.

La présence de l'acide carbonique ne saurait donc être douteuse.

Il est aussi plus que probable que les eaux de la mer contiennent du brôme et de l'iode, soit à l'état libre, soit à l'état de combinaison.

Ces divers éléments sont combinés entre eux de manière à former des sels dont la quantité varie suivant les diverses espèces d'eaux.

Ainsi, l'Océan méridional contient un peu plus de sels que l'Océan septentrional. Les petites mers intérieures en contiennent moins que l'Océan. La Méditerranée et la mer Morte surtout, font seules exception à cette règle.

Tout le monde sait que la mer Morte est ainsi nommée parce qu'elle ne renferme aucun être vivant. On suppose qu'elle a pour lit le cratère d'un volcan éteint.

La Méditerranée et la mer Morte sont, en somme, de toutes les mers celles qui présentent le plus de matières salines.

Nous avons dit que la proportion des sels varie suivant les diverses espèces de mers et les latitudes; nous ajouterons que dans le nord de la Baltique, 100 grammes d'eau de mer contiennent à peine, en poids, seize grammes de matières salines, tandis que sur les côtes de la Grande-Bretagne, la même quantité d'eau, en poids, en renferme soixante-cinq grammes, et dans l'Océan Atlantique, mille grammes d'eau présentent près de quatre-vingt-quinze grammes de sel.

La différence dans la quantité de sels que l'on trouve dans les diverses parties de l'Océan, paraît donc dépendre du degré plus ou moins grand d'évaporation, et dans les pays où la volatilisation de l'eau a lieu en plus grande quantité, les éléments salins doivent se trouver en plus grande abondance.

La salure de la mer est moindre encore dans le voisinage des fleuves et des rivières, et après des pluies longues et abondantes. Il paraît aussi qu'elle est plus considérable sur les rivages et à la surface de la mer; le phénomène de l'évaporation peut facilement rendre compte de cette particularité.

Quoi qu'il en soit, l'hydrochlorate de soude, ou sel commun, entre toujours pour les deux tiers environ dans la quantité des sels qu'elle contient.

§ IX. Causes de la salure de la mer.

On se perd en hypothèses sur les causes de la salure de la mer.

N'est-il pas évident que la nature a agi là, comme en beaucoup d'autres choses dont elle ne nous a pas laissé pénétrer les intimes secrets, et que, mère prévoyante, elle n'a pas voulu que les êtres vivants de la terre fussent exposés aux effets de la décomposition et de la putréfaction consécutive, qui se fussent infailliblement emparées de cette immense masse d'eau dans laquelle une foule innombrable d'êtres vivants eux-mêmes, animaux et végétaux, naissent, croissent et périssent, et seraient devenus une cause d'infection permanente de ce milieu qu'ils habitent, s'il ne renfermait en lui-même des principes capables de neutraliser ces principes délétères, et par sa composition intime, et par le mouvement continuel dont il est incessamment agité ?

§ X. Propriétés physiques de l'eau de mer.

Les propriétés physiques de la mer sont :
1° Sa couleur ;
2° Son odeur ;
3° Sa saveur ;
4° Sa pesanteur spécifique ;
5° Ses divers états et les modifications qu'ils peuvent apporter à ses propriétés ;

6º Sa température ;
7º Ses propriétés électro-magnétiques.

1º *Couleur*. Sur les côtes de France, et plus au large même, l'eau de mer est limpide comme l'eau douce ordinaire; mais, observée en masse, elle paraît d'un bleu verdâtre, quelquefois d'un azur plus ou moins intense. Dans d'autres circonstances, elle semble d'un vert foncé. Elle prend sur les bords, aux endroits peu profonds, une teinte différente qui n'est que le reflet du fond sur lequel elle repose, ou une modification apportée par les matières terreuses, sablonneuses ou végétales qu'elle tient en suspension.

Les nuages, en se reflétant dans la mer, en changent aussi l'aspect ; dans les gros temps ou les temps orageux, elle prend une teinte grisâtre. Enfin, les eaux des fleuves et des rivières, qui, arrivées dans la mer, y parcourent souvent un espace considérable avant de s'y mêler entièrement, lui donnent une coloration et une apparence particulière.

Tranquille et parfaitement pure, l'eau de la mer peut être traversée par la lumière à de très-grandes profondeurs.

2º *Odeur*. L'eau de la mer a une légère odeur *sui generis*, qu'on ne pourrait rapporter qu'à celle du chlore extrêmement étendu. Lorsqu'elle est calme depuis longtemps, cette odeur est beaucoup moins prononcée que lorsque, après une tempête, elle charrie des fucus et des varecs; elle devient alors onctueuse au toucher et susceptible d'arriver plus rapidement à la décomposition putride. Cette odeur lui est communiquée par certains principes que lui cèdent les végétaux sous-marins, et c'est aussi à cette cause que l'eau de mer doit son extrême putrescibilité et l'odeur repoussante qu'elle acquiert au bout de quelques jours, si on l'abandonne dans un vase.

3º *Saveur*. La saveur de l'eau de mer est aussi toute particulière. Elle est très-désagréable, nauséabonde ; c'est un mélange de goût âcre, salé, saumâtre, amer, comme chloreux, qui en rend la boisson, sinon impossible, au moins repoussante.

Cette saveur est due aux sels qui entrent dans sa composition, et surtout aux chlorures et sulfates de soude et de magnésie et à la matière grasse provenant de la décomposition des substances animales et végétales. Elle est d'autant plus prononcée que l'eau est plus saturée de ces sels.

4º *Pesanteur spécifique*. L'eau de mer a une pesanteur spécifique plus considérable que celle de l'eau ordinaire. Il y a une corrélation intime entre cette propriété et sa saveur : elles sont en raison directe l'une de l'autre. Ce sont les quantités de sels qu'elle contient qui établissent cette pesanteur spécifique.

Ainsi :

Prenant l'eau distillée à. 1,000
L'eau de source la plus pure est à. . 1,003
L'eau de rivière est à. 1,010
L'eau de mer de l'Océan à. 1,028
L'eau de mer de la Méditerranée à. 1,032

L'eau de toutes les mers du globe est loin d'offrir une densité uniforme. Dans la Baltique, cette moyenne de pesanteur spécifique est à peine de 0,985, tandis que, dans la mer Morte, on trouve 1,211 ; aussi, l'eau de cette mer contient elle 26,4 pour cent de matières salines.

§ XI. Des divers états de la mer.

La mer est alternativement, deux fois par chaque vingt-quatre heures,
- 1º Basse ;
- 2º Montante ;
- 3º Pleine ;
- 4º Descendante.

Je pense que la pureté de l'eau n'est pas la même à ces différents états. La mer, en montant, apporte du large, sous forme d'écume grise, jaunâtre, toutes sortes de saletés, des débris de matières animales et végétales que la décomposition a rendues plus légères et fait surnager. On conçoit que la propreté de l'eau doit en être modifiée d'une manière désavantageuse.

Cet état de charriage persiste tant que la mer monte, et pendant qu'elle bat son plein ; mais dès qu'elle commence à descendre, les matières étrangères, obéissant à une impulsion opposée, tendent à retourner vers le large et l'eau s'en trouve ainsi purifiée à une assez grande distance du bord.

Ce phénomène est, du reste, très-sensible à la vue. Cet instant est le plus favorable pour le bain, et on doit le choisir de préférence.

§ XII. Modifications accidentelles de la mer.

Quelquefois la mer est complètement calme et unie ; une petite vague vient de temps en temps expirer sur les bords, et le seul mouvement que l'on aperçoive au large est une légère alternative d'élévation et d'abaissement.

Mais si les vents viennent à souffler, la surface s'agite, se soulève, et l'on y voit naître des ondes, des flots, des vagues.

Les marins leur ont donné le nom de houle, ou de lames.

Elles sont d'autant plus longues que la mer a plus d'étendue, et d'autant plus grosses que le vent souffle avec plus d'intensité et qu'il vient plus directement du large.

En se précipitant sur le rivage, la vague se rompt, rejaillit en écume blanche qui va s'éparpiller et mourir sur la grève.

On dit alors qu'elle déferle ; en rétrogradant, elle cause le ressac.

Quelquefois, suivant la direction du vent, ou s'il tourbillonne, la lame est courte, la mer dure, et il y a un clapotis plus ou moins intense.

On dit encore, dans ces cas, que la mer est houleuse ou grosse.

L'existence du clapotis constitue une mer chagrine.

Ces divers états apportent une modification dans l'action des bains.

Lorsqu'on les prend à la mer calme, on en retire d'abord les effets que nous avons décrits en parlant du bain tempéré ou frais. Le corps est seulement soumis à l'action modificatrice du milieu dans lequel il est plongé, plus à l'absorption des matières salines que ce milieu contient. Mais si la mer est grosse, outre les premiers effets, inhérents à la nature du liquide d'immersion et à sa température, la lame, en venant déferler sur le rivage, rencontre le corps du baigneur, et se brise préalablement sur lui avec une violence proportionnelle à son volume et à la résistance qu'elle éprouve. Elle y produit un choc, une sorte de flagellation pénibles à supporter et capables de le culbuter, s'il n'a pas l'habitude de ce qu'on appelle, en terme de bains, couper la lame.

Aussi, pris dans ces circonstances, le bain est-il très-énergique ; il rend souvent la peau douloureuse, donne des courbatures, des fatigues musculaires.

Le bain est aussi plus froid que lorsque la mer est calme, l'eau ambiante étant plus fréquemment renouvelée.

Certaines personnes faibles ne peuvent le supporter dans ces conditions ; d'autres, même plus fortes, n'y peuvent résister que quelques instants.

La mer, ainsi agitée, enlève au fond, à chaque lame, du sable, des graviers quelquefois assez gros, qui, projetés sur la peau par la force de l'eau, y déterminent une sensation piquante, une sorte de flagellation souvent assez douloureuse.

De plus, la mer charrie aussi des masses parfois assez considérables de fucus, de varecs, qui embarrassent les jambes, en s'y entortillant, s'opposent à la liberté des mouvements, et peuvent devenir une cause de graves accidents.

Il faut donc, pour que le bain puisse produire les effets mixtes de la douche et de l'immersion dans l'eau tout à la fois, que la lame soit d'une force modérée ; sans quoi il fatigue, il devient pénible, et l'on en retire un résultat opposé à celui qu'on en attendait.

Le bain à la mer modérément agitée est un puissant agent, et il convient dans les cas d'affections, de douleurs chroniques, soit générales, soit locales; il sera indiqué surtout dans les maladies anciennes des organes digestifs, ou de leurs annexes, et dans l'hypocondrie. Parfois, même pendant l'été, la mer est tellement houleuse que le bain devient à peu près impossible et très-dangereux.

Il faut alors s'en abstenir et s'en rapporter à l'avis des personnes qui savent lorsque l'état des flots rend le bain praticable ou non; car souvent il arrive que la mer, en apparence modérément agitée, est pourtant fort périlleuse à affronter; tandis qu'au contraire, en effet fort grosse, elle permet néanmoins, jusqu'à un certain point, aux plus intrépides baigneurs de s'y aventurer.

Cela dépend de la longueur des lames, de leur succession plus ou moins rapide, de la manière dont elles déferlent, etc., etc.

§ XIII. Phosphorescence de la mer. — Ses effets.

Il est un autre phénomène fort curieux, que l'on observe quelquefois à la surface de la mer: je veux parler de sa phosphorescence. Elle n'est appréciable à la vue que dans l'obscurité.

Sa surface tout entière paraît être en feu, surtout si les lames sont un peu fortes. Si, au contraire, la mer est calme, la couche supérieure de l'eau paraît brillante comme une étoffe d'argent ou à reflets grisâtres, onduleux, miroitants comme un lac de mercure que l'on ferait osciller.

On dit alors que la mer braze; mais cela n'a guère lieu que sous des latitudes très-élevées. Le plus souvent, dans nos pays, il n'y a que les parties agitées seules qui semblent un liquide enflammé.

C'est souvent un spectacle admirable à contempler pendant les chaudes et belles soirées de l'été. Cette phosphorescence n'est pas exclusive à l'été; on l'observe quelquefois, quoique plus rarement, en hiver.

Ce phénomène a lieu généralement toutes les fois que l'air du jour a été sec et peu hygrométrique, surtout lorsque le vent souffle d'une aire, entre le nord et l'est, vents qui, sur nos côtes, sont les plus secs. Lorsque la mer est à cet état, il est démontré que l'action de l'eau sur le corps est considérablement modifiée.

Il est fort rare, en effet, que le bain pris dans ces circonstances ne détermine pas, chez la plupart des baigneurs, mais surtout chez les plus jeunes sujets, et chez tous ceux dont la peau est fine, délicate, une sorte d'éruption quelquefois ténue, miliaire, mais le plus souvent par larges ampoules ou plaques proéminentes, variables en dimension de un quart, un demi à un ou deux centimètres de diamètre, de forme arrondie, ovalaire ou irrégulière, et ayant une analogie presque parfaite avec l'exanthème produit par la piqûre des orties.

Ces plaques apparaissent particulièrement sur les parties du corps qui ont été exposées à nu au contact immédiat de l'eau, et surtout au tronc, au col, à la face antérieure des bras et postérieure des jambes, endroits où les téguments sont toujours plus fins et plus délicats.

Elles sont, pendant quelques heures, le siége d'une démangeaison assez vive, persistent quelquefois pendant six, huit, dix, douze heures, rarement plus, temps au bout duquel elles disparaissent d'elles-mêmes.

Un bain tiède simple d'eau douce, ou une légère onction de l'huile d'olives ou d'amandes douces, ou des lotions répétées d'eau froide avec un peu de vinaigre, contribuent à les faire disparaître plus tôt.

Cette éruption n'entraîne aucun dérangement dans la santé générale et ne contre-indique pas même, le plus souvent, alors qu'elle persisterait, l'usage des bains subséquents. Il vaut mieux néanmoins les suspendre.

Très-souvent encore, une fois ces taches exanthémateuses disparues, sans laisser de traces apparentes après elles, il survient, au bout de quatre à six jours, aux points qu'elles occupaient, une légère desquammation de l'épiderme, comme à la suite d'une brûlure toute superficielle.

§ XIV. Causes de la phosphorescence de la mer.

Quelles peuvent être les causes de cette phosphorescence ? Est-elle le résultat de phénomènes électro-magnétiques ou météoriques qui se passeraient à la surface de la mer, et analogues à ceux que l'on observe dans les mers qui deviennent phosphorescentes par accumulation et dégagement du fluide électrique ; ou bien cet aspect lumineux est-il occasionné par la présence momentanée et accidentelle, dans les eaux de la mer, d'animalcules et de matières susceptibles de dégager du phosphore ? J'avoue que je me range tout-à-fait à cette dernière opinion. Voici, du reste, sur quels faits et quelles analogies je base mon opinion :

I. Tout le monde sait que la plupart des matières animales et qu'un certain nombre de matières végétales acquièrent, par la fermentation et la décomposition putride, la propriété de développer du phosphore et de dégager de la lumière dans l'obscurité.

Cette propriété se retrouve au plus haut point dans les animaux marins.

II. Lorsque la mer est phosphorescente, et que la vague vient à déferler sur la plage, elle laisse, par son ressac sur le sable, une multitude de petites paillettes brillantes. Si on en ramasse avec la main, et qu'on les écrase entre les doigts, on sent qu'elles sont molles et onctueuses au toucher, et elles y produisent l'effet d'une traînée lumineuse, avec un dégagement d'odeur très-faiblement alliacée.

III. La mer étant phosphorescente, si on recueille de l'eau dans un vase transparent et qu'on l'agite dans l'obscurité, il s'y développe des paillettes lumineuses; quelquefois encore, sans l'agiter, on les voit surnager à la surface; elles persistent pendant plusieurs jours et deviennent même plus apparentes, dès que l'eau en arrive à subir un commencement de putréfaction.

La phosphorescence est donc due à la présence de parcelles phosphoriques dans l'eau, et ces parcelles phosphoriques prennent naissance dans la fermentation putride des matières animales et végéto-animales que renferme la mer. Divisées par le mouvement incessant de l'eau, elles y sont tenues en suspension, surnagent en vertu de leur légéreté; et rendues lumineuses par toutes les causes possibles de frottement, elles produisent ces sillons ou ces larges nappes de feu, si admirables parfois à contempler dans l'ombre.

Cette explication me paraît plus probable, mais elle n'exclut en rien la première théorie (dans laquelle l'électricité est l'agent de la phosphorescence, et s'y adapte au contraire parfaitement bien.

Quoi qu'il en soit, l'explication de l'exanthème cutané qui survient quelquefois chez les baigneurs, me semble dériver naturellement de ces diverses inductions.

C'est une espèce de brûlure légère de l'épiderme, par suite de son contact avec une matière phosphorique.

§ XV. Température de la mer.

Un fait constant, c'est qu'en vertu de sa densité, l'eau de mer a plus de capacité pour le calorique que l'eau douce. Une fois échauffée, elle est plus lente à se refroidir, mais elle est aussi plus difficile à amener à l'ébullition.

L'eau de mer est aussi très-difficile à congeler, surtout en masse un peu considérable ; il faut pour cela un abaissement du thermomètre à 20 ou 24 degrés centigrades, et même davantage, au-dessous de zéro. Cela tient à sa composition chimique et au mouvement continuel dont elle est agitée.

Dans les hivers rigoureux, sur notre littoral, on voit bien parfois surnager des glaçons, mais ils proviennent des rivières voisines, d'où ils ont été charriés par les courants.

Je ne rapporterai pas en détail les tableaux d'observations que j'ai recueillies sur la température de la mer ; je me contenterai de relater, sous forme de corollaires, les résultats auxquels je suis arrivé. Les voici :

I. La température des eaux de la mer s'élève depuis le commencement du mois de juillet jusqu'à la fin de septembre, et cette augmentation est de quatre à cinq degrés et même plus.

Ainsi, supposant en juillet la température moyenne à 19° centigrades, en août elle sera de 20 à 21°, et dans certaines journées chaudes de septembre, il ne sera pas rare de trouver l'eau à 22, 24 et même 25° centigrades.

Cependant une infinité de circonstances, telles que la direction des vents, leur impétuosité, l'état nuageux du ciel, la hauteur des marées, l'abondance des pluies, etc., etc., sont autant de causes de refroidissement de l'atmosphère et pourraient faire varier ces résultats.

II. Pendant le mois que je signale, jamais la température de la mer n'a été moins élevée que 19, ni plus que 26° centigrades. Elle a toujours flotté dans la moyenne intermédiaire à ces deux nombres, et souvent avec des transitions fort bizarres et fort brusques d'un jour à l'autre.

III. La température de l'eau est toujours plus élevée par une mer calme que par une mer agitée.

Cela tient à ce que la mer n'est agitée que lorsque le vent souffle avec violence, et que son impétuosité est une cause incessante de réfrigération pour le liquide par lui soulevé en vagues, à une hauteur parfois très-considérable.

De plus, le mélange que les vagues opèrent des

couches profondes de l'eau avec les couches toutes superficielles de la surface, est encore une cause non moins efficiente du refroidissement de l'eau.

IV. Il y a généralement corrélation, par un temps calme, entre la température de l'atmosphère prise à l'ombre et celle de la mer mesurée à la distance du rivage nécessaire, sur une plage modérément inclinée, pour l'immersion dans l'eau, jusqu'aux aisselles, d'une personne de taille moyenne, c'est-à-dire là où l'eau a une profondeur de 1 mètre 20 à 1 mètre 50 centimètres.

Ainsi, supposant que le thermomètre marque 17° centigrades à l'ombre, en le plongeant dans la mer, on l'en tirera, à très-peu de chose près en plus ou en moins, au même degré.

V. Mesurée tout à fait au bord, la température est à peu près d'un degré plus élevée qu'à une distance de 7 à 8 mètres du même point, et cette différence augmente encore d'un degré environ à 20 ou 25 mètres plus loin; après quoi elle reste à peu près uniforme.

En effet, la masse d'eau étant moins considérable aux bords, se sature plus facilement, aux dépens du sol échauffé par la chaleur atmosphérique pendant l'intervalle des marées, du calorique dont il est imprégné, et se laisse de plus pénétrer elle-même avec moins de difficulté par les rayons de chaleur qui émanent du grand foyer.

VI. On rencontre dans la mer des veines beaucoup plus froides que le reste de la nappe d'eau. Elles ont généralement peu d'étendue, et elles tiennent probablement aux courants sous-marins.

Je ne saurais trop expliquer bien positivement ce phénomène, qui, du reste, est très-appréciable et souvent très-pénible aux baigneurs, qui passent ainsi successivement à des alternatives de froid et de chaud, ou plutôt de tempéré.

VII. Il n'est pas rare de trouver l'eau de mer à une température plus élevée de un, deux et même trois degrés, que l'air à l'ombre. Cela s'observe surtout aux marées du soir.

Cela dépend de la densité de l'eau de mer, qui, une fois échauffée, ne perd qu'avec lenteur le calorique qu'elle a acquis.

VIII. La température de la mer suit une période d'élévation à mesure que le soleil monte à l'horizon, et l'heure où elle est généralement la plus élevée est entre midi et six heures du soir.

Le moment le plus favorable pour prendre le bain sera donc cet intervalle de temps, lorsque l'heure de la marée le permettra.

IX. Quelle que soit l'heure de la marée, qu'elle ait lieu le jour ou la nuit, la température relative de l'eau est toujours plus élevée à l'instant du plein et dans la période du jusant ou mer descendante, qu'à tout autre moment de cette marée.

X. La température de la mer ne s'abaisse pas d'une manière sensible par un temps pluvieux, à moins que cette pluie ne dure pendant plusieurs jours, et que l'état nuageux du ciel ne s'oppose à l'action calorifique des rayons solaires sur le sable et sur l'eau.

§ XVI. Action de l'eau de mer.

L'eau de mer est tonique, excitante, résolutive, irritante même. Elle agit en activant fortement les fonctions de la peau. Elle finirait même à déterminer sur cet organe des irritations aiguës, érysipèles, ulcérations, etc., etc.

Elle doit ses propriétés médicamenteuses aux divers sels qui entrent dans sa composition chimique.

Je pense que sa composition chimique, en même temps que quelques-unes de ses propriétés physiques, étant susceptible de varier dans certaines circonstances, son action doit varier aussi, et sans changer pour cela tout à fait de nature, le liquide acquérir au moins à un degré plus prononcé des vertus médicinales ou même en perdre dans quelques cas.

Ainsi, nous avons parlé de l'excitation extrême, de l'espèce d'ustion que la phosphorescence de la mer détermine fréquemment à la peau. Il doit résulter de son action sur cet organe une révulsion plus active, une sorte d'urtication qui réagira sur les organes sous-jacents, avec une plus grande énergie.

N'oublions pas non plus de rappeler que l'action de l'eau de mer ne se borne pas uniquement aux organes ou parties qui sont directement en contact avec elles, puis qu'en vertu des facultés absorbantes de la peau et de la volatilisation de certains principes contenus dans le liquide marin, il se passe une action complexe, savoir : D'abord, le contact direct avec le corps du milieu où se fait l'immersion ; et secondairement le transport au sein de l'économie, par voie d'absorption, d'une partie des principes élémentaires, constitutifs de cette eau.

Pour mon compte, j'attribue aux eaux de la mer une action autre qu'une action purement mécanique sur nos organes. Elle l'a bien, mais elle a de plus d'énergiques, d'immenses propriétés.

L'eau de mer ne doit pas ses vertus uniquement à sa basse température et à sa plus grande densité. Il y a quelque chose de plus, car s'il en était ainsi, pourquoi n'obtiendrait-on pas des résultats analogues au moyen de l'eau de rivière dont on pourrait augmenter à volonté la densité par l'addition de substances inertes?

L'eau de rivière est-elle jamais parvenue par la fraîcheur à laquelle vous attribuez tant de propriétés à produire ces guérisons presque miraculeuses, que chaque année l'on voit survenir chez les scrofuleux, pour lesquels les bains de mer sont avec raison regardés comme un remède souverain?

N'est-il pas d'ailleurs encore d'observation journalière dans les pays éloignés de la mer, où l'on jouit des avantages des bains froids de rivière, que ces mêmes affections scrofuleuses se perpétuent malgré les bains?

Pourquoi n'observe-t-on pas la même chose sur le littoral! Pourquoi sur les côtes de notre Normandie, au moins, les affections de nature strumeuse sont-elles si rares, comparativement à leur fréquence dans les localités enfoncées dans les terres!

Ce serait nier l'évidence que de ne pas reconnaître là l'influence salutaire de la mer sur les lieux qui l'avoisinent.

§ XVII. Ce qu'on doit entendre p : une saison de bains.

On désigne généralement s s le nom de saison, un espace de temps pendant lequel on prend les eaux minérales.

Il est à peu près de convention suivant le pays et la nature des sources auxquelles on a recours. Ici il sera de deux mois, là de six semaines ; ailleurs, seulement de vingt jours ; mais alors le plus souvent on engage le malade à doubler la saison, ce qui revient absolument au même que si l'usage l'avait établie plus longue.

Pour les bains de mer, elle ne doit pas être moindre de 30 à 40 jours ; ce qui suppose une série de bains égale, à quatre ou cinq près, chez les femmes particulièrement, au nombre de jours ; car un seul bain suffit par jour, sauf quelques cas exceptionnels, et il peut y avoir plus d'inconvénient encore à les doubler qu'à les prendre d'une manière irrégulière.

Il vaut mieux, en règle générale, en prolonger l'usage que de les grouper les uns sur les autres ; et les cas dans lesquels on peut en précipiter l'emploi sont fort rares.

On voit donc que cette division de saisons, ainsi que la fixation de leur durée, est tout à fait arbitraire, et qu'elle est plutôt le résultat de l'usage que de la nécessité ; car rien ne peut limiter l'espace de temps pendant lequel un malade devra faire usage de telle ou telle médication. Chaque individu ne se trouve-t-il pas dans des conditions morbides spéciales, dépendantes de sa constitution, de son tempérament, et n'arrive-t-il pas encore que l'effet produit par le traitement développe tel ou tel nouveau symptôme, tandis qu'il en fait taire d'autres ? C'est donc au médecin et au malade d'en faire une juste appréciation et de se conduire en conséquence ; eux seuls peuvent être juges compétents à ce sujet.

Lorsqu'une maladie réclame l'emploi des bains chauds ou l'administration de l'eau de mer à l'intérieur, on peut se soumettre à ce mode de traitement à toute époque de l'année ; mais alors les propriétés médicinales de l'eau influencent seules la maladie, tandis que dans la belle saison tout concourt à la santé des baigneurs ; il sera donc plus avantageux de prendre les bains de mer, alors même qu'on n'en userait que chauds et en baignoire, surtout du commencement de juin à la fin de septembre.

Quant aux bains frais, il va sans dire qu'on ne doit en faire usage que pendant la saison chaude.

§ XVIII. Arrivée aux bains de mer. — Conduite à tenir.

Il est quelques précautions que le malade devra prendre à son arrivée aux bains de mer et avant d'en faire usage. Il sera bon surtout, s'il a fait un voyage, qu'il se repose pendant deux ou trois jours ; il faut qu'il s'acclimate à l'air plus vif, plus oxygéné, qui règne sur le littoral.

Si la fatigue de la route a déterminé chez lui quelque indisposition passagère, il faut y mettre ordre d'abord et lui donner le temps de passer.

Il est nécessaire, en un mot, qu'il soit rentré dans

son état normal ; alors seulement il devra commencer à prendre ses bains.

Il usera modérément des premiers, n'y restera que peu d'instants, vingt à trente minutes, s'il les prend chauds ; trois à quatre minutes, s'il les prend frais.

Il ne les prendra pas non plus trop rapprochés, et pourra laisser entre chacun d'eux un intervalle d'un jour.

Qu'il observe bien surtout l'impression qu'il en recevra, et qu'il ne balance pas à les cesser pour en essayer encore quelques jours plus tard, ou à les modifier, s'il s'aperçoit qu'ils aient apporté dans son économie quelque conséquence nuisible ou même insolite.

Je ne veux pas parler ici de ces légers troubles qui surviennent nécessairement après l'usage des premiers bains, tels qu'un peu de fatigue, un peu de courbature, une augmentation modérée de chaleur à a peau, un peu de sécheresse passagère à la plante des pieds et dans le creux des mains, etc., etc. Ces effets sont presque inévitables et ne sont qu'à l'avantage de l'action du bain ; ils en prouvent l'efficacité.

Je veux parler d'autres perturbations, telles que la persistance et l'exaspération de ces mêmes symptômes, ou encore une aggravation après les premiers bains dans les accidents contre lesquels les bains de mer eux-mêmes avaient été prescrits.

C'est alors que les malades devront particulièrement redoubler de prudence.

J'ai vu de pareils effets survenir, surtout chez des individus délicats et très-impressionnables au froid et chez les enfants ; si la température de l'eau était un peu basse au moment de leur premier bain ; s'ils étaient restés trop longtemps dans l'eau; s'ils l'avaient pris à la marée montante, etc.

Ces personnes devront s'accoutumer graduellement aux bains de mer, et les prendre d'abord tièdes en baignoire à une température agréable, soit d'eau de mer pure, soit mitigée avec de l'eau douce ou avec une substance émolliente, si l'action des premiers a été trop excitante. Bientôt on abaissera successivement et par degrés leur température; on les rapprochera l'un de l'autre, on diminuera la quantité d'eau douce et on en viendra ainsi progressivement au bain à la lame. Le malade pourra alors avec facilité le supporter, et même chaque jour en augmenter la durée.

Tous ces petits soins, en apparence futiles, sont indispensables, et leur absence peut souvent produire des effets fâcheux, tandis qu'administrés avec discernement, l'emploi des bains eut procuré la guérison du malade ou tout au moins une amélioration notable à ses maux.

§ XIX. Bains de mer sous forme liquide.

Cette forme est la plus générale.

Sous forme liquide, les bains de mer peuvent être pris :

1º En baignoire, à une température froide, chaude, tiède ou tempérée, et naturels ou modifiés par l'addition de certaines substances médicamenteuses ;

2º En douche, avec les mêmes modifications de température ou de substances étrangères :

3° Enfin, à la lame et avec toutes les variétés de température naturelle et d'états de la mer.

§ XX. Bains de mer pris en baignoire.

1° *A la température froide*. Pris à cette température, c'est-à-dire à 15 à 15° centigrades, ce bain est extrêmement désagréable, et même intolérable.

Le patient, ne pouvant dans une baignoire se livrer à l'exercice, aux mouvements musculaires indispensables pour faire supporter, à ce degré de fraîcheur, le bain pendant quelques instants en pleine eau, ne tarde pas à éprouver tous les symptômes que nous avons énumérés en parlant du bain froid. On y reste à peine quelques minutes.

C'est en somme un moyen à rejeter. Peut-être ces sortes de bains pourraient-elles convenir dans quelques affections nerveuses, la chorée par exemple; mais, puisque les mêmes bains pris en pleine eau doivent procurer, et au-delà, les mêmes avantages, c'est à eux qu'il faudra avoir recours toutes les fois que le médecin croira devoir prescrire le bain froid.

2° *A la température chaude*. Nous entendons parler ici d'une température supérieure à 35° centigrades.

Ce bain, pris dans l'eau de mer, étant par sa nature plus excitant que celui pris dans l'eau douce, produit plus rapidement encore les accidents les plus funestes, que ne le ferait le bain ordinaire pris à une température égale trop élevée.

C'est donc aussi un moyen à répudier: il ne doit être employé que comme révulsif et sous forme de pédiluve et de manuluve.

§ XXI. Bains de mer pris en baignoire à la température tiède ou tempérée. — Modifications possibles.

Le bain est très-agréable pris à cette température, c'est-à-dire entre 28 et 35° centigrades. On n'éprouve, en y entrant, d'autre sensation que celle que détermine le bain d'eau douce. Seulement, si on le prolonge pendant une heure, une heure et demie et plus, beaucoup de personnes, à peau fine et sensible, ont la perception du sentiment d'excitation qu'il y détermine. C'est un picotement, un léger prurit qui, pour les individus normalement constitués et dans les conditions hygiéniques ordinaires, n'est pas sans un léger sentiment de volupté ; mais quelquefois aussi ces phénomènes ne se borneront pas à l'enveloppe cutanée : ils iront retentir dans les organes intérieurs, qui eux aussi donneront bientôt des signes évidents de souffrance de nature variable ; et néanmoins, nonobstant ces malaises, le malade aura la conscience du bien que lui aura procuré le bain de mer chaud.

Quant à son action secondaire, ce bain est légèrement excitant et tonique, mais à un moindre degré que celui pris frais en pleine eau.

Beaucoup de personnes à peau démesurément excitable ne peuvent presque pas plus supporter les bains de mer tièdes que les bains à la lame. Il deviendra donc nécessaire pour elles de les modifier et de les mitiger.

Les moyens qui me semblent préférables sont l'addition au bain de substances anodines ou émollientes qui émoussent l'action de l'eau de mer et en diminuent l'énergie.

Ainsi, l'on devra la couper avec de l'eau douce, en proportion variable, du quart à la moitié et même davantage ; ou bien encore, pour amoindrir cette action, ajouter à la quantité d'eau de mer du bain, quantité que nous supposerons d'environ trois cents litres, soit un kilogramme d'amidon, ou deux à trois kilogrammes de son frais ; soit encore un demi à un kilogramme de colle de Flandre ou de gélatine plus ou moins purifiée et préalablement dissoute dans trois ou quatre litres d'eau douce chaude. Ces substances communiquent en plus au bain de mer des propriétés onctueuses, émollientes, et servent puissamment à augmenter le bénéfice que le malade est en droit d'en attendre.

Il sera bon encore de diminuer graduellement la dose, soit d'eau douce, soit de substances émollientes ajoutées au bain, ainsi que d'en abaisser graduellement la température.

Quant à la durée du séjour dans le bain de mer tiède, elle dépend entièrement de la sensation qu'on y éprouve. Si elle est agréable, on pourra le prolonger pendant une heure, et même beaucoup plus, son action n'étant pas relâchante, débilitante, comme celle du bain tempéré ordinaire ; pourtant les personnes valétudinaires ne devront pas prendre leur bain trop long, surtout dès les premiers jours et si elles le prennent au naturel. Trois quarts d'heure au plus seront suffisants ; elles pourraient, en les prolongeant davantage, en éprouver de la fatigue, un mouvement fébrile et des phénomènes exagérés de réaction générale.

Je recommanderai encore au baigneur de ne pas s'essuyer à fond après le bain. Il est bon de ne pas se débarrasser trop exactement la peau des substances actives que l'on y a déposées : il vaut mieux les laisser en contact avec elle pour qu'elles puissent être absorbées en tout ou partie.

§ XXII. Bains de mer à la lame.

On entend par bain de mer à la lame, « celui qui « est pris dans la mer quel que soit son état, et n'im- « porte à quelle distance du bord ; mais pourtant le « plus communément à une distance telle, sur un sol « plat, un peu incliné, que les pieds touchent encore « le fond et que le baigneur ne perde pas pied. »

Ces conditions sont en effet celles dans lesquelles le corps sera le plus exposé au déferlement des lames, généralement plus fortes et plus nombreuses au bord qu'à tout autre endroit. Ils pourront d'ailleurs être pris, la mer se trouvant dans les conditions suivantes :

1º Basse ;
2º Montante ;
3º Pleine ;
4º Descendante ;
5º Calme ;
6º Agitée.

§ XXIII. Bains à la mer basse.

Ces bains sont presque toujours fort désagréables.

Le corps, imprégné d'une humidité peu siccative, en raison des sels que contient l'eau, éprouve alors l'action réfrigérante de l'air. Le phénomène de l'évaporation de la partie du liquide adhérente à la peau ou aux vêtements en est la cause.

J'engage à rejeter cet état de la mer; il est toujours possible d'arranger ses occupations et ses repas de manière à se baigner à d'autres moments. De plus, à cet état quasi-stationnaire, on ne trouve qu'une eau malpropre; les immondices et les impuretés qui forment l'écume abondent sur l'eau en ce moment, et ce ne sera pas sans un préjudice réel pour son bien-être que le baigneur se sera imprudemment livré à ce bain.

Ajoutons encore que, si l'on ne connaît pas suffisamment la plage et qu'on ne sache pas bien nager, on s'expose à rencontrer de ces accidents, de ces fonds creux, sortes de précipices sous-marins que rien ne signale à l'étranger, et l'on court risque d'être victime de son ignorance à ce sujet, tandis qu'on n'aura rien à redouter de pareil en se baignant plus tôt ou plus tard, là où on aura pu explorer à loisir le fond, au moment où la mer, par son reflux, l'avait laissé à sec et avait permis d'en noter les écueils et les dangers.

§ XXIV. Bains à la mer montante.

Ces bains n'offrent pas de dangers, même pour le baigneur le plus inexpérimenté. On pourra donc, sans trop d'imprudence, s'exposer plus avant dans la mer; aussi cette compensation fera-t-elle que je ne les proscrirai pas d'une manière absolue; pourtant, s'il est possible de les prendre à un autre moment, j'engagerai le baigneur à le faire de préférence.

En effet, la mer, lorsqu'elle monte, charrie et rapporte du large une écume jaunâtre, un limon grisâtre et sale, dont je regarde le contact avec la peau comme malsain pour certaines constitutions.

Je pense que pris dans ces conditions le bain est beaucoup plus excitant, nuisible peut-être pour quelques-uns, et peut déterminer chez les sujets même les plus vigoureux de la lassitude, de la brisure musculaire, une sorte de propension au sommeil, une réaction fébrile douloureuse à la peau, avec circonstances de sécheresse, d'âpreté de cet organe. Quelquefois ces symptômes sont précédés d'une sorte de frisson.

En somme, il détermine alors une surexcitation que l'on n'éprouve pas en le prenant dans un autre moment.

Peut-être, le bain, à cet instant, pourra-t-il être ordonné aux sujets d'un tempérament moins impressionnable et auxquels il faut une plus forte somme de stimulation pour qu'ils arrivent à en avoir la conscience, et n'amènera-t-il chez eux que le résultat nécessaire; c'est ce que je n'oserais affirmer. Le croyant malsain, j'ai autant que possible engagé à s'en abstenir.

Toujours est-il que chez les personnes nerveuses et irritables, il peut déterminer des accidents, sinon graves par eux-mêmes, au moins fort incommodes, et qui les forceront ou de s'aliter pendant le reste de la journée avec une souffrance réelle, ou de suspendre l'usage du bain pendant plusieurs jours.

Cet effet est surtout appréciable chez les jeunes sujets ou chez les femmes.

Ne serait-il pas possible qu'il se fût passé, dans ces

circonstances, une absorption miasmatique jusqu'à un certain point délétère pour l'accomplissement régulier des fonctions? Cette idée me semble d'ailleurs trop rationnelle pour ne pas pouvoir être émise, et au besoin soutenue.

N'oublions pas, pourtant, que la fin de la période d'ascension de la mer touche à son état de plein d'une manière tout imperceptible, de même que cet état est d'une façon mathématiquement inappréciable voisin de sa période descendante, de telle sorte qu'il est bien difficile d'établir une distinction tranchée entre ces trois états.

La direction des vents, et bien d'autres causes souvent impénétrables pour l'observateur, les font souvent varier, non pas d'une manière intime et réelle, mais au moins réelle en apparence.

§ XXV. Bains à la mer pleine.

Le moment du plein est un instant favorable pour le bain, sous bien des rapports; pourtant ce n'est pas encore celui auquel j'engage à donner la préférence.

A cet état, la mer est presque stationnaire et les inconvénients que j'ai dits être attachés à l'afflux des apports, que j'ai tout lieu de croire nuisibles, subsistent encore.

On dirait que, lorsque la mer en est à ce moment, bien court il est vrai, les matières flottantes éprouvent un temps d'oscillation, s'arrêtent à une certaine distance de la grève.

A cet instant encore, la mer borde la côte, et le

baigneur n'a besoin que d'un très-faible déplacement, il n'a qu'une très-courte distance à parcourir pour trouver l'eau en quantité suffisante.

Toutes ces considérations réunies me portent donc à conseiller de commencer à choisir l'heure du plein pour prendre le bain, et à moins de circonstances toutes particulières, de ne se mettre à l'eau, au plus tôt, qu'à la mer entièrement étale.

Généralement le moment où la mer bat son plein est celui auquel les baigneurs ont l'habitude de se montrer en plus grand nombre sur la plage.

§ XXVI. Bains à la mer descendante.

Ce que nous venons de dire des bains à la mer s'applique à ceux pris à la mer descendante. C'est le moment le plus favorable pour s'y plonger.

A cet instant, l'eau est plus propre, plus purifiée; les saletées sont remportées au large, et on ne les retrouve qu'à une assez grande distance du bord. Comme dans le plein, la température est relativement plus haute qu'à aucune des autres périodes des oscillations nécessaires de la mer que nous avons signalées.

Nous engageons donc le baigneur à le choisir de préférence à tout autre.

Je sais bien que l'heure à laquelle la mer descendante se trouvera quelquefois pourra être, à certains jours du mois, un obstacle à peu près insurmontable à ce qu'il est facile d'en agir ainsi : pourtant, en modifiant suivant les exigences de la marée l'heure des repas, je pense que le plus souvent il sera possible de le choisir encore.

Rappelons-nous qu'à partir du moment où la mer est étale, il se passe un intervalle de six heures jusqu'à celui de la basse mer confirmée; le baigneur pourra donc, à deux reprises différentes, dans une période de vingt-quatre heures, trouver pendant quatre heures au moins, et sans aller la chercher par trop loin, une hauteur d'eau suffisante; et l'on sait que tous les jours l'heure du plein recule d'environ trois quarts-d'heure.

Ainsi, supposant qu'il arrive à onze heures du matin, jusqu'à trois heures de l'après-midi on pourra facilement se baigner.

§ XXVII. Recommandation toute spéciale à l'égard des bains pris à la mer descendante.

Lorsque la mer descend, elle tend à emporter au large tous les objets qu'elle peut déplacer par le choc incessant de la lame.

Les courants qui, durant la période de son ascension, portaient aussi à la côte, agissent alors dans un sens opposé.

Le baigneur devra donc être sur ses gardes et ne pas s'aventurer trop loin, s'il ne sait pas nager; et même alors qu'il serait expert dans l'art de la natation, ne pas commettre pour cela d'imprudences et ne pas trop se fier sur ses forces, elles pourraient le trahir.

Il est parfois fort difficile de résister à cette puissance d'entraînement du courant, ou de reflux de la mer, surtout si l'on n'en a pas l'habitude.

Lorsqu'on éprouve cet embarras, si l'on est bon nageur, si l'on a bonne tête et surtout confiance en son courage, il ne faut pas, si l'on reconnaît après quelques tentatives, l'inutilité de ses efforts, pour regagner en ligne directe le rivage, essayer de lutter plus longtemps contre des forces supérieures. On doit recueillir tout son sang-froid, bien observer de quel côté porte le courant, obéir momentanément à son impulsion, puis s'y laisser quelque temps dériver, en cherchant à regagner obliquement la plage. De cette façon on y parviendra presque toujours et même sans trop de fatigue.

Quant au baigneur inhabile à nager, et qui, par imprudence ou par fatalité se trouverait entraîné au large, le plus sûr pour lui est de pousser un cri de détresse avant qu'il soit en danger réel et dès qu'il a le sentiment de son impuissance à se tirer d'embarras. Il ne courra pas le risque alors d'exposer, en temporisant, à d'imminents dangers les personnes dévouées qui s'empresseront de voler à son aide, et de leur créer ainsi des obstacles souvent presque impossibles à surmonter.

§ XXVIII. Bains à la mer calme ou agitée.

Nous renvoyons le lecteur à ce que nous avons dit relativement à l'action du bain dans les circonstances opposées.

Nous ajouterons seulement que son effet est moindre lorsqu'il est pris à la mer calme, que lorsque celle-ci est agitée, et l'action sera en raison directe de l'agitation de la mer.

§ XXIX. Diverses manières de prendre le bain à la lame.

Le bain à la lame peut être pris en tout lieu et à toute heure, le corps exposé nu à l'action des vagues ou couvert de vêtements.

Enfin on peut, dans la manière de le prendre, obéir soit à la routine, soit à son caprice.

Pourtant, je pense que son usage peut être astreint à certains préceptes sinon invariables, au moins applicables dans la pluralité des circonstances, et qu'une certaine méthode dans le mode de se mettre à l'eau et de s'y comporter ne peut qu'être favorable à l'efficacité du bain.

De plus, beaucoup de baigneurs arrivent aux bains de mer des points les plus centraux de la France, et sans se faire la moindre idée du moyen auquel ils viennent redemander la santé, ni de la façon dont ils doivent l'employer.

Aussi ces quelques chapitres, ne s'adressassent-ils qu'à ces personnes, trouveraient, selon moi, encore ici leur place.

Avec leurs secours, le malade qui devra venir habiter un littoral maritime pourra d'avance, muni d'instructions suffisantes, faire avant de quitter ses foyers les préparatifs indispensables; arrivé aux bains, il pourra sans hésitation et sans appréhension s'y livrer, et sans être obligé de recourir aux conseils préalables d'un homme de l'art.

§ XXX. Choix de l'heure du bain.

Le bain de mer devra, autant que possible, être pris entre midi et six heures du soir, c'est-à-dire entre le déjeûner et le dîner.

Pris plus tôt ou plus tard, il ne sera pas aussi agréable, et même, dans bien des cas, il pourra devenir nuisible.

En effet, aux heures que je dis, l'air est généralement moins vif, sa température plus élevée et celle de l'eau aussi.

Il en résulte une impression moins pénible lorsque l'on entre à l'eau, moins désagréable aussi lorsqu'on en sort, les causes de la vaporisation du liquide qui humecte la peau et qui occasionnent son refroidissement très-sensible se trouvant moindres à ce moment qu'à tout autre de la journée; et encore, existassent-elles plus intenses par elles-mêmes, elles seraient tempérées par l'action des rayons solaires.

Pris de bonne heure, le matin, le bain a le double inconvénient d'abord d'être pris à jeun, alors que les forces réactives ont perdu de leur énergie et sont nécessairement moindres qu'elles ne le redeviendront après l'ingestion de nouveaux aliments. Ensuite, si l'on prend le bain au lever, ou peu d'instants après, tandis que les papilles de la peau sont en quelque sorte épanouies par la chaleur du lit, cet organe sera bien plus sensible à la sensation du froid; son impressionnabilité n'aura pas encore été réduite, émoussée par le contact de l'air; il n'aura pas encore été stimulé, raffermi par l'afflux du sang dans les veines et le réseau capillaire artériel et veineux cutané, afflux qu'un léger exercice aurait infailliblement déterminé.

Il en résultera donc après le bain une réaction moins facile qu'elle n'eut été si le refoulement du sang périphérique eût pu être plus considérable, plus brusque, plus rapide.

Le baigneur éprouvera souvent une difficulté assez grande à se réchauffer ; plus tard il n'en eût pas été ainsi.

Il sortira du bain la peau ridée, flétrie, l'origine des muqueuses violacée.

Pris le soir, au contraire, à la nuit, le bain a l'inconvénient d'être triste, lugubre ; à la sortie de l'eau, un froid, toujours assez piquant après le coucher du soleil, saisira le baigneur. Il aura beau s'essuyer, se couvrir de vêtements secs, se livrer même à la marche et à tout autre exercice, il aura de la peine à ramener la chaleur à la périphérie du corps, et surtout aux extrémités. S'il se met au lit pour se réchauffer, une réaction trop brusque sera presque toujours la conséquence de cette pratique, et alors il pourra éprouver un léger frisson d'abord, suivi bientôt d'une chaleur mordicante, âpre, pénible, en un mot un véritable accès de fièvre, faible le plus souvent et de peu de durée, mais qui n'en laissera pas moins après lui de l'insomnie ou un sommeil inquiet, agité, et, le lendemain, de la fatigue, de la brisure, de la pesanteur de tête.

Le bain le meilleur est donc celui qui sera pris dans la seconde moitié de la journée, et il faudra, autant que possible, s'arranger pour le prendre à cet instant.

Le bain de mer a des effets d'autant plus salutaires

que le baigneur l'aura pris avec plus de plaisir ; et dans aucun cas il ne pourra produire cette sensation, si en se mettant à l'eau il se trouve dans des conditions de refroidissement telles que, s'il ne consultait que sa volonté, il rechercherait plutôt une élévation qu'un abaissement de température.

§ XXXI. Intervalle nécessaire entre la fin du repas et le moment du bain.

J'ai déjà dit que le bain de mer, pour être salutaire, ne devait jamais être pris à jeun. Si on le prend avant que l'alimentation soit venue réparer les pertes inévitables qu'a subies l'économie, on ne pourra d'abord le supporter aussi longtemps, il paraîtra plus froid, sera désagréable, et aura sur les organes une action analogue à celle du bain pris le matin de bonne heure.

Il faudra pourtant laisser à la digestion le temps de s'accomplir avant de se mettre à l'eau, et un intervalle de trois heures au moins, quatre heures au plus, sera toujours indispensable entre la fin du repas et le moment du bain.

De plus, par prudence, le baigneur ne devra jamais manger que d'une manière modérée et n'user que d'aliments d'une digestion facile au repas qui précédera le bain.

S'il arrivait néanmoins qu'après le maximum de temps nécessaire à la digestion, il se sentît encore l'estomac chargé, je ne pense pas que cette sensation dût mettre obstacle au bain.

Après cet intervalle de temps, la digestion stomachale ou chymification doit être assez complète pour que l'immersion dans l'eau froide ne puisse plus la troubler ; et si alors le bain exerce sur elle une action, ce ne sera que pour la précipiter et non pour lui imprimer un temps d'arrêt.

Les guides de profession n'y regardent pas de si près. L'habitude ayant jusqu'à un certain point modifié leur organisation, on en voit la plupart se mettre à l'eau en sortant de manger, interrompre même leur repas pour donner un bain, en un mot ne tenir aucun compte de toutes les prescriptions hygiéniques, sans en être aucunement incommodés.

Quelquefois même j'en ai vu se permettre, à l'égard des baigneurs qui leur demandaient conseil à ce sujet, les avis les plus antirationnels.

Tant pis pour les imprudents assez aveugles pour y ajouter foi : les conséquences souvent les plus déplorables pourront être le résultat de leur absurde confiance.

§ XXXII. Bains le corps couvert.

La décence partout et aussi des règlements de police locale s'opposent, sur toutes les plages tant soit peu fréquentées par les baigneurs, à ce que l'on se baigne nu.

Pourtant, dans toutes les localités où il est d'usage d'aller prendre les bains de mer, il existe des limites assignées par l'autorité administrative de la commune, limites au-delà desquelles il est permis de se baigner sans vêtements.

Généralement ces mêmes règlements ont soin de

réserver pour les baigneurs vêtus la portion de la plage la plus belle, la plus commode, la moins accidentée, la moins dangereuse ; c'est là aussi qu'à l'heure du bain se réunit la meilleure compagnie, c'est là encore que les guides ou sauveteurs exercent plus spécialement leur surveillance en cas d'accident.

Ces considérations réunies doivent engager à se baigner vêtu pour jouir de ces avantages, et à moins de cas extraordinaires ou de circonstances tout à fait spéciales et extrêmement rares, l'efficacité du bain sera la même, et tout pesé, les inconvénients moindres s'il est pris le corps couvert. J'engage donc les baigneurs à se conformer à ce précepte.

§ XXXIII. Vêtements de bain.

On peut se servir pour le bain de toute espèce de vêtement neuf ou vieux, de quelque étoffe que ce soit ; pourtant il est une sorte de costume généralement adopté. A une commodité réelle, il joint l'avantage d'être moins disgracieux et moins grotesque que ces accoutrements souvent tout à fait fantasques.

Il se compose : d'une chemise avec pantalon, réunis ensemble à la taille et montés sur une même ceinture, de façon à former un tout continu.

Le pantalon constitue, pour les femmes particulièrement, une pièce indispensable du costume de bain. Il leur est à peu près impossible de se baigner commodément et décemment avec une robe seule.

La chemise ainsi que le pantalon sera d'une

ampleur modérée, ouvrant par la ligne médiane, et fermant à l'aide de boutons dissimulés par une patte de recouvrement.

La chemise montera jusqu'au col, où elle sera simplement échancrée sans col rabattant; les manches seront courtes, ne dépassant pas le coude, d'une largeur modérée, et on aura soin de ne pas les fixer entièrement à l'entournure du corsage, dans une étendue de six à huit centimètres, correspondant au creux de l'aisselle, pour laisser à l'eau la faculté de sortir par cet hiatus.

Ces deux dernières recommandations sont surtout pour les personnes qui veulent se livrer à l'exercice de la natation. Si les manches sont trop larges et non ouvertes sous l'aisselle, l'eau s'y entonne à chaque élan des bras par l'extrémité béante qui touche au coude, et ne trouvant pas d'issue pour ressortir, oppose une résistance fort pénible à surmonter.

Les manches larges descendant jusqu'à l'extrémité inférieure de l'avant-bras, surtout si elles sont terminées par un poignet boutonné, sont extrêmement incommodes et peuvent même devenir la cause d'accidents fâcheux.

Beaucoup de baigneurs ont l'habitude de faire terminer les jambes ou canons du pantalon à leur partie inférieure par une petite bande d'étoffe transversale et boutonnée qui les maintient assujettis à la cheville. Si l'on nage, cette addition est incommode et peut même devenir dangereuse.

En effet, l'eau renfermée ainsi, comme dans une poche dont elle ne sortirait qu'avec difficulté, forme un poids assez considérable et très-fatigant à déplacer à chaque mouvement des jambes.

Je préfère donc de beaucoup un pantalon à canons ouverts par le bas ; l'eau peut entrer et ressortir avec la plus grande facilité.

A ce costume très convenable pour les hommes, les jeunes demoiselles feront néanmoins bien d'adapter un petit jupon en étoffe pareille, s'ajustant au moyen de trois ou quatre agrafes ou boutons à la ceinture qui réunit la chemise au pantalon. Le jupon descendra jusqu'à deux ou trois travers de doigts au-dessus du genou.

J'ai vu plusieurs personnes habituées aux bains de mer, remplacer le costume ci-dessus par un autre composé :

1º D'un pantalon à canons semblables au premier ; seulement il constitue une pièce isolée et n'est assujetti à aucune partie du vêtement. On le maintient simplement à la taille par une ceinture à coulisse ou à boucle, ou mieux par une bretelle croisant en double scapulaire par-dessus les épaules ;

2º D'une petite blouse ou tunique faite, quant à la disposition des manches, suivant les recommandations relatives à la chemise.

Cette petite blouse descend aussi comme le jupon, jusqu'à trois ou quatre travers de doigts au-dessus des genoux.

Ce vêtement, bien coupé, est véritablement gracieux.

Plusieurs fabricants de bonneterie ont fait établir des gilets-caleçons de bain en tricot au métier et de toutes les nuances désirables. Ce sont de véritables maillots ou justaucorps d'une seule pièce. Ils sont très-légers, commodes pour les nageurs ; cependant leur inconvénient d'accuser un peu trop les formes me fait douter qu'ils puissent jamais être adoptés pour les femmes.

Quant aux hommes, je les leur recommande d'une manière toute spéciale.

§ XXXIV. Choix de l'étoffe pour le vêtement de bain.

L'étoffe devra toujours être en laine pour la totalité du costume. En effet, le contact des tissus de cette espèce, quoique imbibés d'eau, n'est pas froid à la peau ; de plus ils sèchent plus vite que d'autres de nature différente. Ils ne font pas éprouver de sensation désagréable de fraîcheur, lorsqu'on les revêt après s'être dépouillé de ses vêtements ordinaires. Ils sont mauvais conducteurs du calorique et peu perméables à l'air, de façon qu'au sortir de l'eau ou à chaque retrait de la vague ils s'opposent mieux que tout autre à la déperdition de la chaleur qui émane du corps, et à l'action de l'air ambiant, d'autant plus vif et plus piquant que la peau est humide et que les effets de la vaporisation rendent le froid plus sensible.

L'étoffe dont on confectionnera l'habit de bain sera d'un tissu de laine de moyenne force, non pelucheux, lisse à ses deux faces, ni trop épais ni trop léger. Trop épais, il devient fort pesant par suite de l'imbibition et est plus long à sécher. La variété d'étoffe dite molleton ne convient pas. Trop léger, au contraire, il ne se soutient pas assez une fois mouillé, s'accole trop aux formes du corps, les dessine trop nettement et les pose trop en relief.

Les tissus dits napolitaines, flanelles, etc., etc.,

conviennent bien ; pourtant la préférence doit être donnée à celles généralement dénommées : tartanelle, tartan léger, ou mieux encore, serge de laine, escot, formées par un tissu croisé.

En règle générale, on choisira l'étoffe foncée et d'un teint aussi solide que possible ; les plus fixes mêmes étant rapidement altérées par l'eau de mer, malgré leur ténacité, probablement à cause du chlore que contiennent les eaux marines.

La teinte noire sera rejetée ; il est reconnu que c'est une de celles qui passent le plus vite, et le vêtement ne tarde pas à prendre une nuance fauve, d'un aspect tout-à-fait sale et disgracieux. Les couleurs qui résistent le mieux sont celles dites marron, solitaire, etc., etc., de ton intermédiaire entre le clair et le foncé ; et parmi celles-ci encore, on choisira de préférence celles à carreaux.

Une étoffe en laine blanche semblerait préférable, au premier abord ; mais les tissus blancs, une fois mouillés, à moins qu'ils ne soient fort épais, et alors ils ne conviennent plus, acquièrent généralement une transparence telle que les inconvénients que j'ai signalés, à propos des tissus trop légers, ne tardent pas à se manifester.

§ XXXV. Coiffure pour le bain.

Beaucoup de baigneurs ont l'habitude de se couvrir la tête d'un bonnet ou calotte de toile cirée imperméable ; je m'élèverai avec force contre cet usage. Il ne sert à rien, il peut même devenir nuisible.

En effet, mise dans le but de s'opposer au contact

de l'eau avec la chevelure, cette coiffure ne l'empêche en aucune manière ; car, d'une part, pour peu que l'on plonge, ou qu'on se fasse promener sur le dos par un guide, la tête horizontalement placée, l'eau s'insinue sous cette calotte.

Si, au contraire, le baigneur maintient constamment sa tête au-dessus des flots, le tissu de la coiffure étant imperméable s'oppose à la vaporisation de la transpiration cutanée du cuir chevelu, d'autant plus abondante que le reste du corps est immergé dans un milieu de basse température.

Cette transpiration cutanée se condensera sous forme de rosée sur la paroi interne de la calotte, en vertu de l'abaissement relatif de la température ambiante, et les cheveux seront aussi mouillés que s'ils eussent été immergés dans l'eau. Il pourra en résulter ou une péricranie rhumatismale ou souvent encore une atteinte de névralgie faciale, auriculaire ou dentaire, ou bien de la rougeur des yeux ou du bord libre des paupières.

Je pense donc que la meilleure méthode à suivre est de se baigner la tête nue, si elle est abondamment pourvue de cheveux, et de la plonger fréquemment dans l'eau pour éviter l'influence de l'ardeur du soleil. Pour les hommes qui portent les cheveux à une titus plus ou moins sévère, ce précepte est on ne peut plus facile à suivre.

Si pourtant les cheveux étaient coupés très-courts, il serait bon de se couvrir la tête d'un foulard ou de toute autre coiffure, en ayant la précaution, lorsqu'il fait soleil, de la mouiller souvent pour la rafraîchir. Pour ceux qui portent les cheveux longs, ils pourront les maintenir à l'aide d'une petite corde ou d'un ruban, noué circulairement autour de la tête pour les empêcher de tomber dans les yeux.

Quant aux femmes, qui ont d'habitude dans toute leur longueur leurs cheveux, elles pourront les diviser en deux grosses tresses ou nattes, qu'elles laisseront flotter sur leurs épaules. Elles peuvent encore les laisser enroulés autour de leur tête, assujettis ou non par un peigne ou des épingles appropriés à cet usage, et contenus par un madras ou foulard, un serre-tête ou tout autre couvre-chef de forme à leur guise, mais toujours en tissu perméable. Un petit bonnet à pattes, nouant à l'aide d'une petite bride sous le menton, et de même étoffe que l'habit de bain, ou mieux encore une résille en filet, à mailles un peu larges, constituent la coiffure la plus commode que j'aie vue porter.

J'ajouterai que les baigneurs pourront compléter l'ajustement préservatif de la tête par un chapeau de paille en tresse grossière, en très-grand usage dans tous les établissements de bains.

§ XXXVI. Précaution avant d'entrer à l'eau.

Vêtu de ses habits de bain, le baigneur ne se mettra pas à l'eau aussitôt son arrivée sur la plage ; il devra y rester quatre à cinq minutes à se promener et à s'exposer à l'air pour s'acclimater, en quelque sorte, à l'abaissement de température. Il en éprouvera une sensation beaucoup moins pénible à son premier contact avec le liquide.

Il évitera toujours de s'y plonger pour peu que le corps soit en sueur ou même la peau moite.

Quelque élevée que soit la température atmosphérique, elle le sera toujours beaucoup moins que celle du corps, surtout lorsqu'il n'est que depuis peu d'instants dépouillé de ses vêtements ordinaires; et quelque haute que soit celle de l'eau, il y aura constamment une différence en moins fort sensible, entre elle et celle de l'atmosphère.

§ XXXVII. Entrée à l'eau. — Immersion graduelle.

Les diverses manières d'entrer à l'eau peuvent en somme se résumer en deux méthodes.

A. Immersion graduelle ;
B. Immersion brusque.

Elles ne sont pas indifférentes quant à leurs résultats.

A. *Immersion graduelle.* L'immersion graduelle, qui consiste à entrer à l'eau lentement, et en y progressant à pas comptés, est extrêmement pénible et de plus tout-à-fait irrationnelle.

1° Elle est pénible. En effet, quelque élevée que soit, relativement à la chaleur du corps, la température de l'eau de la mer, elle est toujours au-dessous. Il doit en résulter une sensation désagréable et d'autant plus prolongée, que le baigneur mettra plus de temps à arriver à l'immersion complète et à amener les parties périphériques de son corps à une sorte de niveau de température avec le milieu dans lequel il se plonge.

C'est surtout lorsque l'eau vient atteindre les parties abdominales inférieures, la région épigastrique, que son contact cause une véritable douleur. Il fait naître un sentiment de crispation, de resserrement souvent tout-à-fait insupportable dans les parties, au point d'arracher des cris aigus involontaires au baigneur.

2º Elle est irrationnelle. Tout le monde concevra que les extrémités inférieures du corps étant mises graduellement en rapport avec un liquide beaucoup plus froid qu'elles, il en résulte un refoulement progressif des fluides circulatoires vers les parties supérieures, et que des congestions sanguines, vers la poitrine ou la tête, peuvent en être la conséquence.

Je proscris donc cette manière d'entrer à l'eau. Elle est désagréable, douloureuse et peut même être nuisible et amener des accidents fâcheux.

§ XXXVIII. — Entrée à l'eau. — Immersion brusque.

Je recommande exclusivement ce mode d'immersion. On y procède des manières suivantes :

1º Ou le baigneur entre bravement, presque en courant, dans la mer accompagné ou non d'un guide, et lorsqu'il a de l'eau aux genoux, s'il ne sait pas nager, il se plonge en entier trois ou quatre fois de suite dans le liquide, par un mouvement de flexion des jarrets et des cuisses, en portant le tronc en avant, de manière que tout le corps, y compris la tête, soit recouvert par le liquide.

Si, au contraire, il sait nager, arrivé à ce point d'immersion il se sauve en prenant son élan sur le ventre ou sur le dos, et tend à se diriger vers la pleine mer, en nageant entre deux eaux. Ce procédé est fort bon.

2º D'autres baigneurs se font porter par un guide robuste : celui-ci les couche horizontalement sur ses bras, et, arrivé au point où l'eau a une profondeur d'environ soixante à quatre-vingts centimètres, plus ou moins selon la stature, il les trempe dans la mer une ou deux fois, le plus généralement en commençant par la tête, après quoi il les remet sur les pieds.

C'est ce que nous appellerons l'immersion brusque non volontaire.

Ce procédé pitoyable doit être laissé aux malades auxquels il a été recommandé thérapeutiquement et pour un cas tout spécial.

En effet, l'immersion telle qu'elle a lieu ainsi, est tellement rapide et instantanée, que c'est à peine si le corps a le temps d'être mis en contact avec l'eau : il est tout au plus effleuré par elle, sans qu'il soit possible qu'aucun des phénomènes physiologiques ait eu le temps de s'accomplir ; après quoi le baigneur est replanté debout sur ses pieds, tout pantelant, tout suffoqué, presque aveuglé, crachant l'eau salée, qui, contre son gré, se sera introduite dans sa bouche, involontairement et spasmodiquement ouverte par l'effet du saisissement qu'il aura éprouvé, sans qu'il ait pourtant en rien le bénéfice du refroidissement préalable de la tête, que l'on avait en vue de déterminer chez lui.

Je laisse le baigneur entièrement libre d'en user à son gré, de même que d'adopter ou de rejeter le mode d'entrer à l'eau que je vais conseiller, comme étant selon moi le meilleur.

Il ne s'adresse qu'aux personnes qui ne savent pas nager. Ces baigneurs devront, pour plus de commodité et pour plus de précaution, être munis de la ceinture de laine armée d'un anneau. Ils devront être accompagnés d'un guide, ou de toute autre personne ayant l'habitude des bains de mer et en laquelle ils auront confiance.

Ils entreront rapidement et presque en courant dans la mer, et, arrivés à une distance telle que l'eau s'élève environ à moitié des cuisses, ils se jetteront à genoux, en courbant légèrement la tête en avant, et resteront dans cette position pendant le temps nécessaire pour être entièrement submergés par trois ou quatre lames à peu près, plus ou moins, selon l'intervalle qui les séparera l'une de l'autre ; entre chacune d'elles, ils auront plus que le temps suffisant pour reprendre leur respiration.

Pendant qu'ils exécuteront ces différentes pratiques, le guide, resté debout derrière eux, ou à leurs côtés, les maintiendra par l'anneau de la ceinture, à l'aide de laquelle il pourra facilement les enlever, ou au moins leur aider à le faire lestement, et bientôt ils pourront continuer de prendre leur bain de telle manière qu'ils le voudront.

§ XXXIX. Manière de se conduire pendant l'immersion dans l'eau.
— Séjour inerte.

Une fois la première immersion faite, il y a plusieurs manières de prendre le bain.

Ainsi le baigneur pourra rester dans l'eau comme un corps inerte, c'est-à-dire sans se livrer à aucune espèce de mouvement.

Cette manière de se baigner est mauvaise : le froid

ne tarde pas à survenir, et on ne retire alors du bain que le seul effet produit par le contact de l'eau, tandis qu'au moyen de l'agitation qu'on doit s'y donner on peut en doubler les effets par l'action combinée d'une gymnastique efficace.

J'appellerai séjour inerte dans l'eau les manières suivantes de se baigner :

1º Celle qui consiste à s'asseoir ou à se coucher sur le ventre à quelques pas du bord, et à se laisser dans cette position soulever par la vague ;

2º Celle dans laquelle on se fait, dès le commencement du bain, promener en planche sur le ventre ou sur le dos, par un guide qui vous soutient par les épaules ;

3º Celle encore dans laquelle le baigneur prend son bain simplement plongé dans l'eau jusqu'à la ceinture, les jambes à demi-fléchies, et se livrant à un balancement perpétuel de haut en bas ;

4º Enfin je donnerai la même qualification à cette pratique qui consiste à prendre son bain d'un bout à l'autre, étendu sur le dos.

Ces différents modes de se baigner, sans être essentiellement mauvais, ne me paraissent pourtant pas les meilleurs ; je ne les proscris pas d'une manière absolue, mais je pense qu'on peut leur apporter quelques modifications avantageuses.

§ XL. Mouvement dans l'eau. — Son utilité.

Toutes les fois qu'il sera loisible au baigneur de se donner de l'agitation dans l'eau, il devra le faire.

En effet, il est constant que toute espèce de mouvement active la caloricité ; ce sera donc une manière héroïque de neutraliser la propension au refroidissement, une des causes les plus puissantes qui s'opposent à la prolongation du bain, et de pouvoir souvent en doubler la durée.

Le mouvement, de plus, augmentera encore l'efficacité de l'immersion dans l'eau de la mer. Tout acte de mobilité ne peut s'effectuer qu'en vertu d'une action musculaire, et toute action musculaire suppose inévitablement un acte alternatif de contraction et de relâchement. Cet acte est un des plus puissants agents de l'absorption cutanée, et même de l'absorption intersticielle.

Je me bornerai donc à recommander au baigneur, s'il ne sait pas nager, d'exécuter pendant le bain le plus de mouvements qu'il lui sera possible, et de combiner ainsi les deux actions dynamiques de l'eau de mer et de l'exercice musculaire.

§ XLI. Saut et Gymnastique pendant le bain.

La meilleure manière de prendre le bain est assurément celle qui consiste à le prendre en nageant.

Ainsi, pour retirer tout l'avantage possible de l'immersion dans l'eau, les personnes qui ne savent ou n'osent nager devront elles s'y donner le plus d'agitation qu'elles le pourront, pour suppléer aux mouvements méthodiques et cadencés qui constituent le savoir du nageur.

Elles devront ne se baigner que de compagnie ou sous la surveillance d'un guide.

Un usage fort bon consiste à ne jamais prendre

son bain qu'en réunion de plusieurs personnes, à se tenir par la main et à exécuter dans l'eau, en sautant, une sorte de danse ronde. Permis alors de se jouer mutuellement tous ces petits tours, ces espiègleries usitées entre les baigneurs, telles que de battre violemment l'eau avec les mains pour s'en jeter au visage et éclabousser ses partners ; d'essayer de leur faire perdre l'équilibre, et d'en renverser quelqu'un dans l'eau. Et si par hasard une barque se trouve amarrée près du lieu où l'on se baigne, on peut essayer d'y monter, ce qui n'est pas toujours chose facile ; si un morceau de mâture, une planche, une épave, ou tout autre corps surnageant vient flotter à proximité, on tentera de s'y accrocher, de s'y suspendre.

Dans ce but, une bouée en liége, un petit îlot composé de plusieurs tablettes d'écorces de ce même arbre, reliées et fixées ensemble à l'aide de cordes, et capables de supporter le poids d'un homme, seront avantageux à employer ; le tout uniquement dans le but de se livrer à une série de sauts, de mouvements gymnastiques qui ne pourront qu'ajouter à l'efficacité du bain.

§ XLII. Manière de recevoir la lame.

Lorsqu'on prend le bain par une mer un peu houleuse, il est quelquefois difficile, si l'habitude n'a pas rendu le pied marin, de résister au choc de la lame. Si l'on s'obstine à la recevoir en face, on court grand risque d'être culbuté.

Il faut se poser de manière à ce que la lame ne vienne déferler qu'obliquement et sur une des parties latérales du corps, jamais de front et en plein sur la poitrine ou sur le dos; opposer fortement les pieds au fond, écartés l'un de l'autre, de l'espace d'environ deux semelles, et disposer les jambes de façon qu'une d'elles, celle qui se trouve en arrière, remplisse l'office d'un arc-boutant. On sait que cette sorte de station debout est la plus solide.

Il y a encore une autre manière de recevoir la lame et d'en amortir le choc, elle consiste à exécuter un saut presque vertical, en portant un peu le tronc en avant au retour de chaque vague ; mais il demande une certaine habitude de précision pour ne sauter qu'à temps ; car si l'on manque son coup, et si l'on exécute le saut trop tôt ou trop tard, le choc fait perdre l'équilibre et souvent le sang-froid ; et il est fort difficile, parfois, de se remettre sans aide sur ses jambes.

Quant au nageur, il ne devra non plus exposer jamais son corps parallèlement à la vague, mais bien couper celle-ci obliquement, en lui offrant le moins de surface possible, et combiner ses mouvements de telle façon que ce soit toujours le temps de l'élan qui corresponde avec le moment où il devra surmonter une lame et la franchir.

Toutes ces connaissances, du reste, s'acquièrent vite par l'habitude.

Que le baigneur qui sait bien nager, mais qui n'a jamais encore eu l'occasion de se baigner à la mer, ne s'effraie pas de l'aspect quelquefois menaçant de grosses vagues bien onduleuses, bien élevées, qui semblent devoir tout engloutir. Ce sont celles que l'on franchit le plus aisément, surtout si elles ne brisent pas de court.

Cet état de la mer est même favorable à la natation, bien plus qu'un temps de clapotes ou de petites vagues successives contre lesquelles on ne lutte souvent qu'avec de très-pénibles efforts, et qui rendent dans ces circonstances le bain tout à fait fatigant et désagréable, quoique la mer présente alors un aspect plus uni, plus tranquille.

§ XLIII. Durée du bain.

La durée du bain à la mer doit être courte en général, et varier entre cinq et quinze minutes à peu près, suivant les individus, leur tempérament, leurs maladies. Elle devra même être moindre quelquefois pour certaines personnes, les enfants ou les tout jeunes adolescents par exemple.

Les divers états de la mer et les conditions de température atmosphérique devront aussi être pris en considération, pour augmenter ou abréger sa durée.

I. Le bain de mer tiède et pris en baignoire pourra être prolongé pendant une heure et plus. Tant que le malade s'y trouvera bien, rien ne lui impose l'obligation d'en sortir.

II. Le bain à la lame devra être cessé au premier, ou tout au moins au second frisson qui se manifestera.

Que ce frisson soit dû à une action purement nerveuse, ou qu'il soit le résultat inévitable du refroidissement exercé sur le corps par la basse température du milieu dans lequel il est immergé, le baigneur devra regarder sa seconde apparition comme un avertissement de l'organisme, qu'il a cédé à la puissance ambiante tout ce qu'il pouvait normalement abandonner de ses forces réactionnelles.

Si le baigneur, néanmoins, s'obstine à rester dans l'eau, il ne tardera pas à ressentir tous les effets fâcheux du bain froid, et, une fois sorti de l'eau, il aura de plus à redouter les conséquences d'une réaction toujours subordonnée à la puissance de l'action et en raison directe de celle-ci.

III. L'apparition de ce second frisson sera bientôt suivie d'un véritable refroidissement, les causes de ce phénomène se trouvant nécessairement augmentées par l'évaporation qui se fait à la surface du corps, au sortir de l'eau, aux dépens du calorique du dernier.

IV. La durée du bain devra être moindre par une mer agitée que par une mer calme.

Nous avons déjà vu que, lorsque la mer est houleuse, sa température est moins élevée. Ensuite nous avons dit ailleurs que le bain est, en cette circonstance, plus fatigant, en raison de la résistance, de la réaction musculaire ; que, même à son insu, le baigneur est forcé d'opposer au déferlement de la lame, quelle que soit la protection qu'il puisse recevoir contre cette puissance de la part du guide.

Enfin, l'action du bain, à cet état de la mer, est plus énergique. La réaction qui doit suivre est plus intense, par suite de la flagellation exercée sur l'enveloppe cutanée, d'une manière médiate ou immédiate, par le choc de la vague.

V. L'état de faiblesse de l'individu devra faire aussi abréger la durée de l'immersion dans l'eau.

Que le baigneur, dans ces conditions, n'aille pas confondre l'impression première qu'il reçoit en entrant dans l'eau, avec le véritable malaise qui survient toujours après une immersion, relativement trop prolongée.

Le premier se dissipe de lui-même au bout de quelques instants; le second, au contraire, ne fera que s'accroître et s'aggraver.

VI. La durée du bain à la lame sera, en tout, subordonnée à l'état de bien-être ou de malaise qui en résultera pour le baigneur; pourtant, dans aucun cas, pour toute personne qui prend les bains de mer pour raisons de santé, sa durée ne devra jamais excéder quinze minutes au plus.

§ XLIV. Sortie de l'eau.

C'est surtout au moment où le baigneur sort définitivement de l'eau, qu'il sentira, pourvu que l'air soit un peu vif, tout le bénéfice du peignoir, de la pelisse et du manteau.

Si l'atmosphère est calme, le soleil un peu ardent, cet accessoire deviendra tout à fait inutile.

Il y aura même dans cette circonstance avantage pour le baigneur à ne pas s'en couvrir.

En effet, pour peu qu'il ait un certain trajet à parcourir pour regagner soit son domicile, s'il l'a choisi peu distant de la plage, soit la cabane où il doit revêtir ses habits ordinaires, son vêtement de bain aura le temps de perdre l'excédant d'eau marine qui l'imbibe, et l'action des rayons solaires suffira pour sécher par une simple évaporation la périphérie de son corps.

Je recommanderai donc aux personnes qui, pour

se rhabiller, se servent de cabanes, de ne pas y entrer sans avoir fait au préalable, à leur sortie de l'eau, quelques tours de promenade sur la plage, pour assurer en quelque sorte l'effet du bain, laisser égoutter leur vêtement tout ruisselant d'eau, et sécher à moitié l'épiderme, sans avoir besoin de l'essuyer.

On m'objectera probablement que cette évaporation ne peut se faire qu'aux dépens d'une portion du calorique qui émane du corps, et qu'une sensation, parfois assez vive, de froid doit en être la conséquence.

Si l'on a pris le bain avec un vêtement d'un tissu de coton ou de lin, il est vrai que les choses se passeront ainsi; mais si, au contraire, on est vêtu de laine, l'impression du froid sera à peine sensible.

§ XLV. Soins nécessaires après la sortie de l'eau. — Comment on doit s'essuyer le corps, la tête. — Un mot encore sur la réaction.

Qu'on sorte d'un bain à la lame ou d'un bain de mer chaud pris en baignoire, jamais il ne faudra s'essuyer à fond.

Une abstersion trop exacte de la peau, avec frottement, enlèvera d'une manière plus ou moins parfaite les molécules des principes actifs contenus dans l'eau de mer, et dans lesquels réside toute l'efficacité du bain, principes qui se seront naturellement déposés sur l'épiderme.

Le linge le meilleur, pour s'essuyer, sera un tissu à demi-usé de toile de coton, de lin ou de chanvre, non préalablement chauffé. Il en sera de même de la chemise ou encore du gilet de peau. Il sera toujours plus avantageux de les prendre à la température naturelle.

Le contact de linges chauffés avec le corps, dont les téguments viennent d'être impressionnés par le contact réfrigérant de l'eau, détermine, il est vrai, une sensation agréable; mais aussi, il peut, chez certains sujets faciles à se réchauffer, brusquer la réaction, en la faisant commencer par l'enveloppe cutanée, tandis que pour être bonne et salutaire, elle doit se faire au contraire du centre à la périphérie. Elle ne doit être que le résultat d'un travail interne de l'organisme, travail en vertu duquel les fluides, qui ont été refoulés par le saisissement occasionné par l'eau, reviendront graduellement à leur place.

Ce travail ne peut se faire sans un certain surcroît dans l'activité normale des fonctions organiques, et est quelquefois précédé ou accompagné d'un sentiment tout particulier de gêne, qui, sans être précisément du malaise, donne pourtant la conscience du moment où on l'éprouve, après quoi tout se passe dans l'ordre régulier.

Il ne faudra donc rien mettre en pratique qui puisse tendre à faire commencer la réaction par le point par où elle doit physiologiquement finir, et à intervertir ainsi ses différentes phases. La peau doit être l'organe qui se réchauffe le dernier, et aux dépens seulement de la circulation générale.

Le petit sentiment de gêne dont je viens de parler est nécessaire. Il est la preuve de l'action du bain, et celui-ci ne sera jamais plus profitable que lorsque tous ces phénomènes se seront manifestés chez celui qui l'aura pris. Pour que le bain de mer fasse du bien, il faut d'abord qu'il fasse un peu de mal.

Les mêmes recommandations s'étendent à ce qui regarde l'action de sécher les cheveux. Après avoir exprimé avec un linge sec et non chauffé l'eau qui les humecte, on restera la tête exposé au grand air, nue ou simplement couverte d'un tissu fort léger et très-perméable à l'air.

Pour les hommes, cette pratique sera facile à suivre; quant aux femmes, elles ne devront pas fortement natter leur cheveux, mais les disposer de telle façon que l'air puisse facilement circuler et se jouer dans l'intervalle des bandeaux, tresses ou boucles qu'elles en auront formés.

Dans tous les cas, on ne devra faire usage d'aucun cosmétique gras ou huileux qu'après avoir bien essuyé la chevelure, sous peine de névralgies dentaires ou faciales, de rougeurs des yeux ou des paupières, etc.

§ XLVI. Du pédiluve après le bain de mer. — Son utilité.

Beaucoup de personnes ont l'habitude de prendre, après le bain de mer, un pédiluve chaud. Cette pratique est très-salutaire.

On devrait encore y recourir, n'eût-elle d'autre avantage que de nettoyer les pieds et de débarrasser l'entre-deux des orteils de petits graviers qui inévitablement viennent s'y loger, et qui occasionneraient par la pression et en s'enchâssant dans la peau, de très-vives douleurs pendant la marche.

Mais, chez le plus grand nombre des sujets, ce ne sera pas pour cette seule raison, mais bien dans un but tout thérapeutique, que le bain de pied devra être mis en usage.

En effet, un des résultats du bain froid en général est de faire refluer le sang vers la tête et de congestionner cet organe qui ne peut, lui, comme le reste du corps, être soumis à une immersion continue.

Chez les individus pléthoriques surtout, et d'un tempérament sanguin, il est bien rare qu'après le bain à la température fraîche, il ne survienne pas un peu de céphalalgie, ou tout au moins de pesanteur de tête; le plus souvent, il est vrai, elle se dissipe assez rapidement d'elle-même par le seul effet du grand air : il sera mieux pourtant d'y remédier à l'aide du pédiluve.

Dans ce dernier cas seulement, il devra être administré à une température un peu élevé, 40 à 45 centigrades, par exemple, tandis que dans le premier, on pourra se servir d'eau à la température ordinaire ou tiède.

Je recommande de se servir de préférence pour cet usage de l'eau de mer; pour la dernière de ces indications surtout, ses vertus excitantes la rendront plus active et plus révulsive.

Pour la première aussi, elle vaudra l'eau douce et aura de plus l'avantage de prolonger encore pour le baigneur le contact avec l'eau de mer.

Un très-bon moyen de se procurer de l'eau de mer tiède pour cet office, consiste à creuser un trou dans le sable échauffé par le soleil; l'eau ne tardera pas à y sourdre, et sa température à s'élever assez pour qu'elle ne détermine aucune sensation de froid.

§ XLVII. Conduite à tenir après le bain. — Exercice. — Marche.

Dans aucun cas le baigneur ne se mettra au lit après le bain de mer, qu'il l'ait pris chaud ou froid.

Le séjour au lit fausse la réaction, en retarde les symptômes, en paralyse les effets ; il expose à la pesanteur de tête, à la rougeur et à la congestion de cet organe, et consécutivement aux douleurs musculaires. Il rend paresseux, lourd, et dans les cas les plus heureux, en admettant que le baigneur n'éprouve que très-légers les effets que je signale, ou qu'il ne les éprouve même pas du tout, le lit empêche que le bain ne produise cet état agréable de tonicité, de souplesse, d'agilité musculaire, qui est un des résultats immédiats du bain de mer.

Un exercice actif, modéré, une marche prolongée pendant un temps, seront les seuls procédés auxquels il conviendra d'avoir recours pour amener une réaction suffisante et salutaire, et faire reparaître à la peau la chaleur que le froid de l'eau en avait momentanément chassée.

Le baigneur devra donc toujours, après le bain, se livrer à l'exercice de la marche. Il fera sa promenade à l'abri du vent, et soit à l'ombre, dans un endroit où le soleil aura passé, soit au soleil suivant l'intensité du refroidissement auquel son corps sera arrivé, et le degré de la température atmosphérique, et aussi selon qu'il aura pris un bain froid ou tiède.

Il ne poussera jamais son exercice jusqu'à provoquer une réaction trop énergique, ou jusqu'à ce que la transpiration survienne ; mais il devra s'arrêter lorsqu'il se sentira revenu à un état agréable de calorification naturelle.

§ XLVIII. Intervalle que l'on mettra entre le bain et le repas.

Dans aucun cas, et pour les valétudinaires surtout, il ne faudra faire un repas substantiel immédiatement après le bain, et avant d'avoir mis la réaction en train de s'accomplir. Il vaudrait même mieux qu'elle fût entièrement achevée.

Une heure, et même plus, devra s'écouler entre la sortie de l'eau et le repas.

Si l'on charge trop tôt l'estomac, avant que les vaisseaux qui rampent dans ses membranes aient eu la possibilité de se désengorger du sang qui a dû, ainsi que dans tous les organes internes, y refluer par la répercussion du froid intérieur, sang qui, du reste, devra en partie y revenir plus tard pour le travail nécessaire à la digestion, il est certain que les aliments le surprendront dans des conditions anormales, et qu'un trouble quelconque devra en être la conséquence. La rougeur du visage et la congestion douloureuse de la tête, avec battements, souvent fort violents, des artères des tempes, la propension au sommeil, etc., etc., seront le résultat de ce repos intempestivement pris, et souvent la digestion sera pénible, laborieuse et ne s'effectuera pas sans un sentiment de difficulté dans l'acte de respiration, difficulté due peut-être à une légère congestion temporaire du poumon.

Il y aura, en même temps, de la pesanteur, des tiraillements plus ou moins pénibles d'estomac, avec refroidissement des extrémités, frissons transcurrents, et un état d'engourdissement et de torpeur.

Tous ces phénomènes n'apparaîtront pas, si l'on suit exactement les recommandations que nous faisons à cet égard.

§ XLIX. Nombre de bains de mer par jour.

Pour les affections que nous pourrions appeler générales, un seul bain par jour suffira.

On ne doit pas perdre de vue que le premier effet du bain de mer est de fatiguer, et que, pour que ses conséquences salutaires puissent se manifester, il est bon de donner à la réaction, qui en est le complément nécessaire, toute la latitude possible de s'effectuer dans tous ses temps. Il faut laisser aux sels marins qui, quoique d'une manière microscopique, incrustent pour ainsi dire la peau, le temps d'être absorbés par cet organe. Pour se livrer au bain suivant, il faut que l'effet du précédent soit tout à fait passé, que le baigneur soit rentré dans son état normal, que toutes les fonctions aient repris leur cours habituel et régulier ; et ce travail est souvent beaucoup plus long qu'on ne le pense.

On voit des baigneurs doubler, tripler même parfois le bain dans les 24 heures, et se mettre à l'eau le matin, l'après-midi et quelquefois encore le soir. Ces personnes ont grand tort ; le bain pris d'une manière si répétée ne peut être profitable ; il peut, au contraire, exposer à des accidents. Il vaudrait mieux pour elles augmenter la durée de leur séjour sur la plage.

Quelquefois on parvient ainsi à faire taire, pour un certain temps, et seulement pendant qu'on en continue l'usage, quelques-uns des symptômes de l'affection qui y avait fait recourir, et à les refouler, pour ainsi dire; mais, vienne à cesser le moyen curatif, ils font explosion de plus belle et reparaissent avec une intensité nouvelle.

Les seuls cas où je crois pouvoir conseiller les bains de mer répétés plusieurs fois par jour, sont ceux dans lesquels ils sont prescrits contre une affection purement locale, telle que les suites d'une entorse, d'une fracture, d'une luxation, ou une faiblesse ou atonie partielle de certaines parties éloignés du tronc, qui peuvent être soumises au contact de l'eau sans une immersion complète du malade. Encore faut-il que les accidents consécutifs ne soient pas liés à une cause générale interne, telle qu'une constitution goutteuse ou rhumatismale, par exemple, qui alors souvent viendrait compliquer le mal et en modifier les indications curatives.

§ L. Effet nuisible de plusieurs bains par jour.

Tels sont les inconvénients et les conséquences fâcheuses que l'usage de plusieurs bains par jour pourra entraîner après lui.

Ou bien l'organisation s'accoutumera au bain, et celui-ci n'aura plus d'effet thérapeutique sur elle. Le baigneur ne retirera plus alors de son immersion dans l'eau qu'une fatigue en pure perte pour lui; mais ce cas est assez rare, et, disons-le en passant, il serait pourtant le plus heureux.

Ou bien, et le plus souvent les choses se passeront ainsi, il arrivera que le baigneur, se soumettant à un second bain avant que la réaction qu'avait imprimée le premier ait entièrement fini de parcourir ses différentes périodes, celle-ci se trouvera interrompue par l'impression du froid, sans que pourtant le travail interne qui le précède et l'accompagne ait totalement cessé; une seconde réaction viendra s'ajouter à la première, se grouper en quelque sorte sur elle et lui nuire, soit en l'arrêtant brusquement dans sa marche, soit au contraire en la portant à un extrême qui ne sera plus en rapport avec les forces de résistance de la constitution du sujet.

C'est alors que se manifesteront une excitation générale trop prononcée, l'insomnie, les crampes, un mouvement fébrile presque permanent, avec chaleur et sécheresse de la peau, sans que jamais cette agréable moiteur vienne assouplir l'épiderme et couronner les effets du bain.

Le plus souvent à ces symptômes on verra se joindre l'empâtement de la bouche, de l'ardeur au pharynx, de la soif, de l'inappétence, et en un mot tous les signes caractéristiques qui dénotent une surexcitation de l'appareil digestif.

Ces considérations nous amènent à poser sous forme aphoristique les deux corollaires suivants :

I. Dans l'immense majorité des cas, un seul bain de mer, à la lame surtout, suffit par chaque vingt-quatre heures, à moins qu'un ministre de la santé n'en ait jugé autrement.

II. Dans tous les cas, un second bain de mer dans les vingt-quatre heures ne devra jamais être pris qu'autant que les effets de la réaction développée par le premier auront entièrement cessé, et que les fonctions organiques seront intégralement rentrées dans leurs conditions normales d'équilibre.

§ LI. Le mauvais temps contre-indique-t-il l'emploi du bain de mer ?

Un préjugé que j'ai fréquemment rencontré chez beaucoup de baigneurs, consiste à leur persuader que le bain de mer, pris par un temps pluvieux, est malsain.

Le bain pris dans ces conditions est assurément moins agréable; souvent aussi la température atmosphérique est alors plus basse; mais il n'en n'est pas moins efficace, si toutefois on a soin de ne pas, à la sortie de l'eau, se laisser trop longtemps exposé au contact de la pluie; car, dans ces cas, l'ablution que l'eau du ciel exercerait sur la peau neutraliserait à coup sûr l'action du bain de mer.

De plus, le degré de la chaleur de la mer, comme on le sait déjà, ne varie pas d'une façon notable lorsque le temps n'est pluvieux que d'une manière intercurrente.

La seule précaution que je recommanderai alors au baigneur est, en sortant de l'eau, de se couvrir de son manteau de bain pour éviter que son corps ne soit en quelque sorte lavé par la pluie et les parties salines emportées par le contact de l'eau douce; mais faudrait-il encore, pour qu'il en fût ainsi, qu'une pluie presque phénoménale déversât ses torrents.

J'engage donc le baigneur à ne pas suspendre et à ne pas discontinuer ses bains, parce que le temps serait à la pluie. Il fera bien seulement, mais cela sous le seul point de vue de sa commodité et de son agrément, de ne pas commencer ses bains par un jour sombre et pluvieux, et de remettre plutôt au lendemain la partie.

Je terminerai par ces considérations les enseignements et les préceptes que j'ai cru devoir donner sur les bains de mer en particulier, la manière de les prendre, les modifications qu'on peut leur faire subir, et les pratiques accessoires qui doivent compléter leurs effets.

LECOEUR.

XI

LÉGENDE DES FONTENELLES.

A trois kilomètres de Napoléon-Vendée aux Sables-d'Olonne, à droite de la route, et bordant la route même, on remarque une vieille maison, située sur une petite éminence; le lierre l'enveloppe de son poétique manteau; depuis bien longtemps elle n'existerait plus, si ses murs n'avaient été consacrés par le séjour d'une nuit qu'y fit l'apôtre de la charité, saint Vincent de Paul. Il avait été amené en Vendée par une de ces missions divines dont l'histoire de sa vie est remplie.

Surpris par les ténèbres, dans une contrée qui n'était pas alors comme aujourd'hui sillonnée en tout sens par d'admirables routes, il demanda l'hospitalité dans cette maison et y passa la nuit. Le souvenir du grand saint a préservé cette maisonnette de la destruction; on l'entretient avec un soin pieux, et une pierre ne s'en détache pas qu'elle ne soit immédiatement remplacée. Sa position est assez heureuse; elle domine une étroite et profonde vallée au milieu de laquelle serpente le ruisseau de Laurenceau qui entretient la verdure et la fraîcheur dans ce petit coin.

En face de la maison, de l'autre côté du ruisseau, s'ouvre une carrière dont les déchirures bizarres achèvent de donner un aspect pittoresque au paysage.

Après avoir suivi la grande route pendant deux kilomètres encore, on prend un sentier qui s'enfonce dans les terres; c'est un de ces chemins charmants qui sont si communs dans le Bocage, bordés de chaque côté par des arbres, des buissons de genêts épineux, d'aubépine et de houx. Les berges, à droite et à gauche, sont tapissées d'une herbe fine mêlée de mousses et de lichens, sur laquelle on marche comme sur le tapis le plus moelleux. Au printemps, la verdure s'émaille de mille fleurs, parmi lesquelles brillent au premier rang la digitale pourprée et l'asphodèle aux étoiles d'argent très-communes en cet endroit; la charmante véronique montre çà et là sa jolie corolle bleue; la violette, le géranium sauvage et la poétique pâquerette, la petite valériane, la centaurée rose, la scabieuse, mêlent leurs couleurs et confondent leurs parfums rustiques.

Vous parcourez pendant un kilomètre environ cette délicieuse traîne; puis, tout-à-coup, comme à un lever de rideau, au milieu des terres on aperçoit une masse de bâtiments à demi-écroulés, dont on ne peut se rendre compte que lorsqu'on y est; car leur position au milieu des arbres séculaires et dans un bas-fond n'est pas heureuse. Mais les bons moines avaient probablement choisi ce site à dessein, pour mieux dérober leur existence aux regards d'un monde indiscret. Ce sont les ruines de l'abbaye des Fontenelles; elles méritent que le voyageur se détourne de sa route pour les visiter; car outre des restes fort beaux encore, une légende terrible y est attachée.

La chapelle placée à gauche de l'abbaye est encore en assez bon état, bien que les traces des dévastations ineptes et sacriléges de la Révolution y soient tristement imprimées. La chapelle, de style ogival, dessine la croix ; le chœur est séparé de la nef par une balustrade d'un dessin léger; les stalles des bons religieux existent encore, et derrière celles de gauche, dans un enfoncement, est le tombeau de sainte ou de dame Béatrix, comme disent les paysans vendéens. Ce tombeau, d'un calcaire très-fin, revêtu par le temps et par l'humidité d'une vénérable couleur verte, est surmonté de la statue de sainte Béatrix, couchée, la tête appuyée sur un coussin, ayant aux pieds un petit chien ; comme bas-reliefs, des religieux agenouillés. Les baies des longues croisées sont veuves de leurs vitraux; mais à leur place le lierre, qui s'est accroché aux vieilles murailles, forme des stores pleins de poésie qui ne laissent filtrer qu'un demi-jour plein de religieux mystère.

La porte principale de la chapelle, située en face du chœur, s'ouvre sur la campagne; une autre porte à droite communique aux bâtiments de l'abbaye ; elle s'ouvre sur un cloître dont il ne reste que quatre arceaux et qui occupait un côté de la cour carrée autour de laquelle s'élèvent les murs à demi-écroulés. Les fenêtres, assez rapprochées et régulièrement espacées, ont dû être celles des cellules ; le lierre et les ronces grimpent et s'enlacent partout. Çà et là, sur la crête d'un mur croulant, une touffe de coquelicot étale sur le fond bleu du ciel ses riches pétales rouges, le lierre encadre les ouvertures béantes des fenêtres de ses festons capricieux, et donne une seconde jeunesse aux vénérables murailles.

Dans une prairie voisine, on montre aux curieux une fontaine d'eau ferrugineuse, très-profonde, débordante en toute saison, et qui a une certaine réputation dans toute la contrée.

Ores, oyez, petits et grands, la sanglante légende qu'on raconte en frissonnant, à l'ombre des murs de l'abbaye des Fontenelles.

Béatrix de Mauléon, princesse de Talmont, était une châtelaine d'humeur sombre et farouche, comme on en voyait heureusement peu dans ce temps de pages malins et d'amoureux trouvères. Le sire de Mauléon étant parti pour la Terre-Sainte, la dame vivait dans la solitude la plus complète en son manoir de Talmont. Les nobles dames dont les maris étaient aux croisades passaient leur temps à filer et à faire de la tapisserie, entourées de leurs femmes ; ces innocentes occupations n'étaient pas du goût de la dame de Mauléon,

> Dans un profond ennui la dame se plongeait,

n'ayant pour distraction que la vue éternellement magnifique pourtant de l'Océan.

Un jour, jour funeste, l'ennuyée châtelaine, accoudée à une fenêtre du manoir, promenait son regard distrait sur la campagne, lorsqu'elle aperçut un tout petit enfant, rose et blanc, qui se livrait à de gracieux ébats dans la prairie voisine.

> Muse, raconte-moi quel démon tentateur
> D'un atroce désir fit palpiter son cœur !

Elle fit appeler son cuisinier. Lorsqu'il fut devant elle, étendant vers la prairie une main blanche et fine qui n'aurait dû s'ouvrir que pour la charité, Béatrix lui montra le bel enfant que sa mère occupée à peu de distance avait déposé là.

— Tu vois cet enfant, dit-elle ; va le chercher et apprête-moi son cœur pour mon dîner.

Le pauvre homme frémit à l'idée de la sanguinaire fantaisie de la châtelaine et du crime horrible qu'il fallait commettre pour la satisfaire. Il crut avoir mal entendu.

— Madame, balbutia-t-il...
— Obéis, manant!

La dame était terrible dans ses colères ; elle commandait, il fallait obéir!.....

L'horrible mets parut si délicieux à Béatrix, qu'elle exigea que chaque jour il figurât sur le menu seigneurial.

La terreur se répandit bientôt autour du manoir. Les pauvres mères à qui on enlevait leurs enfants s'enfuirent au loin pour dérober leurs chers trésors à l'ogresse de Talmont.

Un jour le cuisinier se présente embarrassé et tremblant devant la princesse, et lui dit qu'il n'y a plus un seul enfant aux environs. Béatrix le regarde froidement.

— Vraiment, lui dit-elle, tu es embarrassé pour peu de chose. Il n'y a plus d'enfants aux alentours, me dis-tu? n'as-tu pas un fils?

Qu'on juge du désespoir du malheureux père. Seulement alors il comprit toute l'étendue des crimes qu'une lâche complaisance lui avait fait commettre : ses entrailles paternelles s'émurent, et le remords entra dans son cœur comme un premier châtiment. Cependant, il n'osait désobéir à sa terrible maîtresse. Au milieu de ses angoisses, un petit chien qu'il aimait beaucoup, frappé de sa tristesse et apercevant peut-être des larmes dans ses yeux, s'approcha de lui en le caressant et lui lécha les mains. La vue de l'innocent animal suggéra au pauvre cuisinier l'idée de le sacrifier à la place de son fils unique. En effet, le cœur du petit chien fut accommodé avec le plus grand soin et servi à Béatrix. Mais à peine en eût-elle goûté, qu'elle cracha avec dégoût; d'un ton à faire frémir les plus braves, elle demanda quel horrible ragoût on lui servait là. Le malheureux cuisinier, se voyant perdu, se jeta à ses pieds et lui avoua ce qu'il avait fait pour sauver son fils.

Le Seigneur attendait-il ce moment? Quoi qu'il en soit, la châtelaine fut touchée de ce désespoir paternel et sentit le remords lui étreindre le cœur; revenue à des sentiments humains, elle sonda l'abîme dans lequel le démon l'avait précipitée, et comprit qu'il fallait une pénitence proportionnée à ses forfaits, pour laver son âme. En conséquence, elle ordonna que la route qui conduisait du château de Talmont à l'abbaye des Fontenelles fût jonchée dans toute son étendue (17 kilomètres environ) d'épines, de ronces et de genêts, et les pieds nus, le corps ceint d'un cilice, elle parcourut ce chemin de douleur et d'expiation, en priant, pleurant, et demandant à Dieu et aux hommes pardon de ses crimes.

En arrivant aux Fontenelles, elle expira; les religieux recueillirent sa dépouille mortelle et l'ensevelirent dans la chapelle.

Aujourd'hui, singulier retour des choses d'ici-bas,

c'est la santé de leurs enfants que les mères vont implorer au tombeau de dame Béatrix!

Chaque année, le lundi de la Pentecôte, il y a un préveil très-populaire aux Fontenelles ; ceux qui ont quelque chose à demander à la sainte y vont ce jour-là en pélerinage ; on porte des fleurs à la chapelle ; ces fleurs y restent toute l'année, elles ne sont enlevées que la veille du préveil suivant pour faire place aux fleurs nouvelles. Des guérisons ont été obtenues, dit-on, sur le tombeau de sainte Béatrix. De jeunes femmes privées des douceurs de la maternité ont aussi recours à son intercession.

Les amoureux se rendent à la fontaine ferrugineuse : comme elle est toujours très-abondante, le trop-plein se déverse dans la prairie et forme un petit ruisselet qui serpente au milieu de l'herbe et des fleurs. Il faut, dit-on, sauter le ruisseau à pieds joints quatorze fois, sept fois en avant et sept fois en arrière, sans tomber, en se donnant la main, pour se marier dans l'année. Si le pied manque, si on fait le moindre faux pas, il est inutile de recommencer l'épreuve : on ne se mariera pas cette année-là. Pas de tricherie possible : dame Béatrix a les yeux sur les couples sauteurs et garantit la loyauté de l'expérience. On cite bien à la vérité plus d'une fillette qui ne s'est pas mariée, malgré qu'elle eût sauté dans les règles. C'est qu'elle n'avait pas la foi, et c'est la foi qui sauve. Amen.

A. A.

XII

L'OCÉAN

A M. L. A.

> Oceanum patrem rerum.
> (Virg.)

I.

O mon vieil Océan ! qui me rendra tes grèves,
Dont les vibrants échos ont répété mes rêves,
Quand je mêlais, débile et chancelant, ma voix
Au concert solennel, austère et grand murmure,
Incessante prière au Dieu de la Nature,
Que tirent de ton sein tous tes flots à la fois ?

Qui me rendra les jours écoulés sur la dune
Quand passe à l'horizon la voile blanche ou brune
Du pêcheur inclinant sa vergue sous le vent ;
Les vols de goëlands aux ailes échancrées,
Et les acres parfums que laissent les marées
Avec les goëmons sur le sable mouvant

Lorsque tu t'élançais, furieux et sauvage,
Brisant ta lame folle aux rochers du rivage,
Oh! comme j'étais fier de te voir à mes pieds!
Tel un nain se croirait plus robuste et plus brave,
S'il voyait un géant sous quelque lourde entrave
Se débattre, agitant tous ses membres liés.

Je jouais avec toi comme un enfant qu'on gâte.
De tes galets, veinés de porphyre ou d'agate,
Je t'insultais sans peur, connaissant ta bonté.
Je me laissais mouiller les deux pieds par ta vague;
Comme l'Italien qui te jetait sa bague (1),
J'unissais mon néant à ton immensité.

Jours heureux! jours de calme où l'homme en paix s'enivre,
Et savoure à longs traits la volupté de vivre;
Où l'on n'a point souci d'hier ni de demain;
Où l'on se sent gagner par l'extase qui monte,
Grand flot intérieur que nul pouvoir ne dompte,
Hors celui dont les flots puissants craignent la main. —

Vous n'êtes plus pour moi que des ombres lointaines!
— O sublime Océan! grèves de rumeurs pleines!
Désert où n'apparait que l'image de Dieu!
Pourquoi ne pouvons-nous plus nous voir face à face,
Pendant que lentement, aux bornes de l'espace,
Se penche le soleil dans un nuage en feu?

II.

On me dit: — Que vas-tu regretter, ô poëte?
Les bonheurs enivrants que ton âme souhaite,
  Ne les goûtes-tu pas ici?

(1) A Venise, à chaque avènement, le nouveau doge, monté sur le *Bucentaure*, galère conservée pour cette cérémonie, jetait son anneau dans l'Adriatique, s'en déclarant ainsi le maître et l'époux.

Pourquoi pleurer ta dune et ton Océan sombre ?
Efface de ton cœur ce souvenir, cette ombre :
Paris est une mer aussi ! —

III.

Oui, c'est une mer que laboure
En tous sens un vent furieux,
Dont s'étonnerait la bravoure
De nos marins audacieux.
Mer dont la vague débordée
Porte pour écume l'idée,
Et dont les hommes sont les flots ;
Qui, se tordant dans les ténèbres,
Lance au ciel des hymnes funèbres
De blasphèmes ou de sanglots !

Là, jamais une onde tranquille
Ne reflète un limpide azur.
L'horizon indécis vacille
Dans la lueur d'un jour obscur.
Une tempête continue
D'éclairs livides fend la nue,
Et ne fait qu'assombrir la nuit
Où tout se heurte pêle-mêle ;
Et la rafale sur son aile
Emporte au loin l'horrible bruit.

C'est un immense lit de boue
Qui contient cet autre océan,
Et sans cesse l'aquilon joue
Au-dessus du gouffre béant.
Divisés en courants sans nombre
Qui partout se croisent dans l'ombre

Et choquent leur flot écumant,
Les hommes vont baissant la tête,
Sans regarder si la tempête
Laisse une étoile au firmament.

Et que leur importe l'étoile?
Et que leur importe le ciel?
— Immensité ! garde ton voile
Pour leur œil avide et charnel !
— O Seigneur ! détourne ta face !
Car cette multitude efface
De son cœur ton nom redouté.
Elle se hâte... Où donc va-t-elle ? —
Elle court, hideuse, où l'appelle
La richesse ou la volupté !

Flots aveugles ! océan triste,
Toujours fangeux et déchaîné,
Où tout navire qui résiste
Au fond du gouffre est entraîné !
Tourbillon sinistre et perfide
Emportant dans ton vol rapide
Les croyances, les mœurs, les lois !
A vos cris affreux, je préfère
La vieille rive qui m'est chère
Et l'Atlantique aux grandes voix !

IV.

Là, les plaisirs sont purs ; les bonheurs sont austères.
De la création je sonde les mystères ;
    Je m'initie à Dieu,
Et j'assiste, témoin obscur, à ce grand drame
De la terre et des flots ; et je sens que mon âme
    Prend des ailes de feu.
Des ailes, pour planer dans le ciel bleu qui s'ouvre,
Pour franchir, au-delà de ce que l'œil découvre,

Les espaces sans fin !
Des ailes, pour raser l'écume blanche et rose,
Arc-en-ciel ondoyant que sur la vague pose
　　　Le soleil du matin !

La Nature entre en moi comme dans son domaine,
Et l'esprit, que sa voix invincible ramène
　　　A contempler le bien,
Dédaignant ce vieux monde et ses laides misères,
S'élance d'un seul bond aux lumineuses sphères
　　　Où le mal n'est plus rien.

Oh ! qui pourrait redire en nos faibles langages
Tout ce que sent un homme errant sur les rivages
　　　Du sonore océan ;
Ce qui lui vient au cœur de sublimes pensées,
Tandis que près de lui les vagues insensées
　　　Meurent en gémissant !

O Nature ! déesse immortelle et féconde !
Mère dont l'ample sein contient toujours le monde !
　　　O toi, principe et fin !
C'est là que l'homme voit ta splendeur inouïe,
Heureux, ne songeant plus, la paupière éblouie,
　　　A son morne destin !

V.

Et c'est pourquoi j'envie, à mes heures de doute,
Ces rivages dorés où je suivais la route
　　　Que trace le flot sur le bord.
Car tantôt regardant Paris, tantôt la grève
Où j'ai vécu, — je vois, comme en un double rêve,
　　　Là bas la vie, ici la mort !

Paris, mars 1866.

　　　　　　　　　　HENRI GAUSSERON.

XIII

NOTIONS UTILES

La plupart des baigneurs qui viennent demander à notre Océan la santé et la vigueur sont accompagnés de leurs enfants, dont, pour la plupart, le tempérament étiolé dans l'enceinte des villes a besoin de grand air et de mouvement. Mais entre les deux bains du matin et de l'après-midi, il y a bien des heures oisives. Les soirées sont longues : parfois le temps pluvieux emprisonne les familles dans les maisons où elles ont choisi leur logement temporaire.

Nous avons pensé à ces longues heures d'oisiveté forcée : qui sait si quelques notions utiles, présentées comme simple remède à l'ennui, ne laisseront pas une durable empreinte dans l'esprit malléable des enfants ? qui sait si des enfants ce livre ne passera pas aux mains des grands parents ? qui sait s'ils ne se mettront pas à étudier ensemble. Dans tous les cas, l'axiome latin nous servira d'excuse :

Indocti discant et ament meminisse periti !

— 179 —

TABLEAU

DES COORDONNÉES GÉOGRAPHIQUES DES CHEFS-LIEUX DES DÉPARTEMENTS ET D'ARRONDISSEMENTS LIMITROPHES.

NOM ET DÉSIGNATION DES POINTS.	Latitude	Longitude	Elévat. au-dessus de la mer.	
			Points de mire	Sol
1° LOIRE-INFÉRIEURE.				
Nantes. Sommet du toit qui surmonte la tour de la cathéd.	47°13" 8'	3°53"18'	73m.7	18m.8
Ancenis. Sommet du clocher..	47°22" 1'	3°30"47'	45m.9	19m.1
Châteaubriant. Clocher S¹-Nic.	47°43"10'	3°42"53'	101m.6	62m.2
Paimbœuf. Sommet du clocher.	47°17"17'	4°22"23'	34m.1	8m.1
Savenay. Pignon de l'église . .	47°21"41'	4°17" 1'	69m.6	52m.6
2° MAINE-ET-LOIRE.				
Angers. Sommet de la cathéd.	47°28"17'	2°53"34'	121m.8	47m.0
Baugé. Clocher Saint-Jean . .	47°32"32'	2°26"34'	97m.0	58m.6
Segré. Clocher.	47°41"14'	3°12"33'	79m.0	45m.0
Beaupréau. Clocher.	47°12" 7'	3°17"42'	103m.3	85m.3
Saumur. Clocher.	47°15"34'	2°24"40'	106m.3	77m.0
3° DEUX-SÈVRES.				
Niort. Clocher Notre-Dame. .	46°19"23'	2°48"12'	104m.3	29m.2
Bressuire. Clocher.	46°50"33'	2°49"44'	210m.5	184m.7
Melle. Coupole du collége. . .	46°13"20'	2°28"53'	157m.7	139m.1
Parthenay. Clocher	46°38"49'	2°35"14'	231m.4	172m.2
4° CHARENTE-INFÉRIEURE				
La Rochelle. Lanterne. . . .	46° 9"23'	3°23"41'	60m.6	8m.5
Rochefort. Hôpital	45°56"39'	3°18" 5'	42m.2	15m.5
Marennes. Clocher.	45°49"20'	3°26"40'	87m.7	10m.2
Saintes. Saint-Eutrope	45°44"40'	2°58"44'	85m.8	27m.4
Jonzac. Clocher.	45°26"46'	2°46"26'	58m.5	0m.0
Saint-Jean-d'Angély. Tour du Nord	45°56"39'	2°51"39'	65m.8	24m.0
5° VENDÉE.				
Napoléon. Tour de l'église. .	46°40"17'	3°45"46'	104m.6	72m.7
Fontenay. Clocher N.-D. . . .	46°28" 4'	3° 8"41'	101m.7	22m.8
Sables-d'Olonne. Clocher . . .	46°29"47'	3° 7"27'	45m.9	6m.2

HAUTEURS DES PRINCIPALES MONTAGNES DU GLOBE

AU-DESSUS DU NIVEAU DE L'OCÉAN.

EUROPE.

	mètres		mètres
Mont-Blanc (Alpes)	4810	Mont-d'Or (France)	1886
Mont-Rose (Alpes)	4636	Cantal (France)	1857
Fisterahorn (Suisse)	4362	Le Mezen (Cévennes)	1766
Jund-Frau (idem)	4180	Sierra d'Estre (Portugal)	1700
Ortler (Tyrol)	3908	Puy-Mary (France)	1658
Mulahasen (Grenade)	3555	Hussoko (Moravie)	1624
Col du Géant (Alpes)	3426	Schneckoppe (Bohême)	1608
Malahite ou Néthou (Pyrénées)	3404	Adelat (Suède)	1578
Mont-Perdu (Pyrén.)	3351	Suœfials-Iokull (Islande)	1559
Le Cylindre (Pyrén.)	3322	Mont des Géants (Bohême)	1512
Maladetta (Pyrén.)	3312	Puy-de-Dôme (Fr.)	1465
Vignemale (Pyrén.)	3298	Le Ballon (Vosges)	1429
Le Cylindre (Pyrén.)	3332	Pointe-Noire (Spitzberg)	1372
Etna (Sicile)	3237	Ben-Nevis (Invernshire)	1325
Pic du Midi (Pyrén.)	2877	Fichtelberg (Saxe)	1212
Budosch (Transylv.)	2924	Vésuve (Naples)	1198
Surul (idem)	2924	Mt Parnasse (Spitzb.)	1194
Legnogne	2806	Mont Erix (Sicile)	1187
Canigou (Pyrénées)	2785	Broken (Hartz-Saxe)	1140
Pointe Lomnis (Crapats)	2701	Sierra de Foja (Algarbes)	1100
Monte-Rotondo (Corse)	2672	Snowden (Pays de Galles)	1089
Monte-d'Oro (id.)	2652	Shehalien (Ecosse)	1039
Lipsze (Crapats)	2534	Hekla (Islande)	1013
Snechaten (Norwège)	2500		
Monte-Vellineau (Apennins)	2393		
Mt Athos (Grèce)	2066		
Mont Ventoux	1900		

AMÉRIQUE.

	mètres		mètres
Nevado de Sorata	6488	Chimborazo (Pérou)	6530
Nevado de Illimani	6456	Cayambé (idem)	5954

	mètres		mètres
Antisana (vol. Pérou).	5833	Cerro de Potosi....	4888
Chipicani.............	5760	Mowna-Roa (Owhyee).	4838
Cotopaxi (vol. *id.*)...	5753	Sierra-Nevada (Mex.).	4786
Montagne de Pichu-Pichu...........	5670	M^{gne} du Beau-Temps (Côte N.-O. Amér.).	4549
Volcan d'Arequipa...	5600	Coffre de Perote....	4088
Mont St-Elie (côte N.-E. Amérique).....	5113	Lac Titicaca.......	3915
Popocatepec (volcan du Mexique)......	5400	Montagne d'Otaïti, mer du Sud........	3323
Pic d'Orizaba........	5295	Mont. Bleues (Jamaï.).	2218
Montagne d'Inchocaio	4240	Volcan de la Solfatara (Guadeloupe).....	1557

ASIE.

	mètres		mètres
Pics les plus élevés de l'Himalaya (Thibet):		Le 3e Pic.........	6959
		Le 23e............	6925
Kunchinginga, partie ouest (Sikim)...	8588	Elbrouz (Caucase)...	5009
		Pic de la front. de la Chine et de la Russie.	5135
Id. Pic est (Sikim)..	8481	Ophyr (î. de Sumatra).	3950
Dwalagiri (Nepaul)..	8187	Mont Liban.......	2906
Juwahir (Kumaôon)..	7824		
Le 12e Pic.........	7088	Petit-Altaï (Sibérie).	2202

AFRIQUE.

	mètres		mètres
Pic de Ténériffe....	3710	Piton des Neiges (île Bourbon).......	3067
Montagne d'Ambotismène (Madagasc.).	3507	Montagne de la Table (cap de B.-Espér.).	1163
M^{gne} du Pic (Açores).	2412		

PASSAGES DES ALPES QUI CONDUISENT D'ALLEMAGNE, DE SUISSE ET DE FRANCE EN ITALIE.

	mètres
Passage du mont Cervin..................	3410
— du grand Saint-Bernard...............	2491
— du col de Seigne....................	2461
— de Furka........................	2439
— du col Ferret.....................	2321
— du petit Saint-Bernard..............	2192

Passage du Saint-Gothard 2075
— du mont Cenis. 2066
— du Simplon. 2005
— du mont Genèvre. 1937
— du Splügen. 1925
La poste du mont Cenis. 1906
Le col de Tende. 1795
Les Taures de Rastadt. 1559
Passage du Brenner. 1420

PASSAGES DES PYRÉNÉES.

Port d'Oo. 3002
Port Viel d'Estaubé. 2561
Port de Pinède. 2499
Port de Gavarnie. 2333
Port de Cavarère. 2241
Passage de Tourmalet. 2177

AMÉRIQUE.

PASSAGES OU COLS DES DEUX CORDILLIÈRES.

Passage de Chullunquani. ....
— de Paquani. 4641
— de Gualilas. 4520
— de Tolapalca. 4290
— des Altos de los Huessos. 4137

HAUTEURS

DE QUELQUES LIEUX HABITÉS DU GLOBE.

mètres

Maison de poste d'Ancomarca. 4792
(Habitée seulement pendant quelques mois de l'année.)
Maison de poste d'Apo. 4376

Tacora (village d'Indiens).	4314
Potosie (la partie la plus haute).	4166
Ville de Calamarca.	4141
Métairie d'Antisana.	4101
Puno (ville).	3911
Oruro (ville).	3792
La Paz (ville, république de Bolivia).	3717
Micuipampa (ville, Pérou).	3618
Tupisa (ville, Bolivia).	3049
Ville de Quito.	2908
Ville de Caxamarca (Pérou).	2860
La Plata (capitale de Bolivia).	2844
Santa-Fé de Bogota.	2661
Ville de Cuença (province de Quito).	2633
Cochabamba (ville capitale).	2575
Hospice du grand Saint-Bernard.	2491
Arequipa (ville).	2377
Mexico.	2277
Hospice du Saint-Gothard.	2075
Village de Saint-Véran (Alpes-Hautes).	2040
Village de Breuil (vallée du mont Cervin).	2007
Village de Morin (Basses-Alpes).	1902
Village de Saint-Remi.	1604
Village de Heas (Chapelle. Pyrénées).	1497
Village de Gavarnie (Auberge. *Idem*).	1335
Briançon.	1306
Village de Barège (cours des Bains, Pyrénées).	1241
Palais de Saint-Ildefonse (Espagne).	1155
Bains du Mont-d'Or (Auvergne).	1040
Pontarlier.	828
Saint-Sauveur (terrasse des Bains, Pyrénées).	728
Luz (église, Pyrénées).	706
Madrid.	608
Inspruck.	566
Munich.	538
Lausanne.	507
Augsbourg.	475

Salszbourg.	452
Neufchâtel.	438
Plombières.	421
Clermont-Ferrand (Préfecture).	411
Genève.	372
Freyberg.	372
Ulm.	369
Ratisbonne.	362
Moscow.	300
Gotha.	285
Turin.	230
Dijon.	217
Prague.	179
Mâcon (Etiage de la Saône).	170
Lyon (Rhône, au pont de la Guillotière).	163
Cassel.	158
Lima.	156
Gottingue.	134
Vienne (Danube).	133
Toulouse, seuil de l'Observatoire, 194m, et Garonne.	132
Milan (Jard. bot.).	128
Bologne.	121
Parme.	93
Dresde.	90
Paris (Observatoire national, 1er étage).	65
Rome (Capitole).	46
Berlin.	40

HAUTEURS DE LA LIMITE INFÉRIEURE DES NEIGES PERPÉTUELLES, SOUS DIVERSES LATITUDES.

	mètres
A 0° de latitude, ou sous l'équateur.	4800
A 20°.	4600
A 45°.	3550
A 65°.	1500

HAUTEURS DE QUELQUES ÉDIFICES.

La plus haute des pyramides d'Égypte.	146
La tour de Strasbourg (le Munster), au-dessus du pavé.	142
La tour de Saint-Etienne à Vienne.	138
La coupole de Saint-Pierre de Rome, au-dessus de la place.	132
La tour de Saint-Michel à Hambourg.	130
La flèche de l'église d'Anvers.	120
La tour de Saint-Pierre à Hambourg.	119
La tour de Saint-Paul de Londres.	110
Le dôme de Milan, au-dessus de la place.	109
La tour des Asinelli à Bologne.	107
La flèche des Invalides, au-dessus du pavé.	105
Le sommet du Panthéon, au-dessus du pavé.	79
La balustrade de la tour Notre-Dame, *id*.	66
La colonne de la place Vendôme.	43
La plate-forme de l'Observatoire national.	27
La mâture d'un vaisseau français de 129 canons, au-dessus de la quille.	73

CALCUL

DE

L'HEURE DE LA PLEINE MER.

Les eaux de la mer sont soumises à l'action des forces attractives du soleil et de la lune. L'effort unique qui résulte de ces deux forces varie dans un même lieu, avec les positions que les deux astres prennent successivement chaque jour par rapport au méridien de ce lieu. La pleine mer, dans les ports et sur tous les points de la côte, n'arrive pas à l'instant où la force résultante des attractions du soleil et de la lune y est parvenue à sa plus grande intensité. Ainsi, les jours de la nouvelle lune, l'instant de la plus grande intensité de cette action est celui de leur passage simultané au méridien, ou celui de midi; cependant la mer n'est ordinairement pleine que quelque temps après midi. L'expérience a fait connaître que la marée qui a lieu les jours de nouvelle lune est celle qui a été produite 36 heures auparavant, par l'attraction du soleil et de la lune; on a remarqué de plus qu'à cette époque la pleine mer arrive toujours à la même heure : on en a conclu que l'intervalle de temps dont le moment de la pleine mer suit l'instant où les deux astres exercent leur plus grande action, est constamment le même.

Quand la lune nouvelle passe au méridien d'un port à midi vrai, à l'époque des équinoxes, le temps qui s'écoule entre ce passage et l'instant de la pleine mer qui le suit, est toujours le même ; il se nomme *établissement du port*. L'heure des marées des syzygies équinoxiales est donc l'établissement du port.

Les jours de la nouvelle et de la pleine lune, l'instant où les deux astres exercent la plus grande action est celui du passage de la lune au méridien ; il en est de même lors du premier et du dernier quartier ; les autres jours, cet instant précède quelquefois le passage, et d'autres fois il le suit ; mais il ne s'en écarte jamais beaucoup, parce que la force attractive de la lune est environ deux fois et demie plus grande que celle du soleil.

Ces forces et le retard ou l'avance de la marée sur l'heure du passage de la lune au méridien varient suivant que les deux astres s'écartent ou se rapprochent de la terre, suivant que leurs déclinaisons augmentent ou diminuent.

ADMINISTRATIONS

DE LA VILLE DES SABLES

DÉPUTÉ DES SABLES AU CORPS LÉGISLATIF.

M. le comte de la Poëze ✻, chambellan honoraire de l'Empereur, à Paris, avenue des Champs-Elysées, 119.

ORDRE ADMINISTRATIF.

Sous-Préfecture. M. Montaubin ✻, sous-préfet. Lelièvre, secrétaire, chef de bureau; Manceau, employé.

M. Petiteau ✻, maire des Sables, conseiller général.

M. Jolly, docteur-médecin, conseiller d'arrondissement.

Mairie des Sables. MM. Petiteau ✻, maire; Germain et Barreau, adjoints; Germain, chargé du bureau de l'état-civil; Morneau, receveur municipal; Aveline, caissier de la caisse d'épargne; Dupont, secrétaire; Lacoste, commissaire de police; Maitre-Pierre ✻ et Crèvecœur, sergents de ville.

Conseil municipal. MM. Barreau, notaire; A. Dorion; juge de paix; Garnier, médecin; Gigat, négociant; Veillon, conducteur des ponts et chaussées; Germain, avoué; Mercier; David, forgeron; Jolly, médecin; Buffet, capitaine au long-cours; Hamel; Benoist, médecin; Pelisson; Petiteau ✻, avocat; Robert, agent-voyer d'arrondissement; Michaud;

Boisard, avoué ; Vidy, plâtrier ; Perrocheau, entrepreneur ; Barreteau ; Louineau ; Guérineau ; Simonneau.

Ponts et Chaussées. MM. Dingler, ingénieur ordinaire, chargé du service des travaux maritimes ; Veillon, Lesueur, Bled, Arnaud, Dantony, conducteurs ; Martin, Prouteau, Blay, Bignoneau, Bugeon, agents secondaires.

M. Robert, agent-voyer d'arrondissement, aux Sables.

Finances. MM. Ponsard, receveur particulier ; Groisard, caissier ; Viaud, percepteur.

Contributions directes. Mayeux, contrôleur aux Sables.

Contributions indirectes. MM. Chevetel, sous-inspecteur ; Bernard, receveur principal ; Genest, préposé en chef de l'octroi.

Douanes. MM. Mériais, inspecteur ; Duret, receveur principal ; Carret, vérificateur.

Enregistrement et Domaines. MM. Crespel, vérificateur ; Douay, conservateur des hypothèques ; Néaume, receveur ; Forestier, surnuméraire.

Eaux et Forêts. M. Charil des Mazures, sous-inspecteur.

Poids et Mesures. Sartoris, vérificateur.

Poste. Mme Bonnefoy, receveuse.

Télégraphes. MM. Barbotin, chef de station ; Signoret, employé.

Gendarmerie. Stainville, sous-lieutenant ; Grit, maréchal-des-logis.

Sapeurs-Pompiers. MM. Vidi, capitaine ; Rainot, lieutenant ; Planchot, sous-lieutenant.

Artillerie. M. Vivant, garde principal.

Marine. MM. Jabouin, sous-commissaire ; Le Deuc, trésorier des invalides ; Ilis, maître de port ; Prévost, professeur d'ydrographie ; Sochet, syndic.

Cultes. *Notre-Dame.* MM. Michaud, archiprêtre ; Rousseau

et Hupé, vicaires; Jouas et Bésani, prêtres habitués; Libaudière, ancien curé. — *Saint-Nicolas-de-la-Chaume.* Durand, curé; David, vicaire; Chaigneau, chanoine honoraire.

Aumôniers. Biton, des Ursulines; Roy, des Frères; Hamel, de la prison.

Petit Séminaire. MM. l'abbé Simon, supérieur; Laporte, préfet des études; Roy, directeur; Tenaud, économe; Prunier, rhétorique; Grolleau, seconde; Viaud, troisième; Geay, quatrième; Renaud, cinquième; F. Grolleau et Fuzillier, histoire et mathématiques.

ORDRE JUDICIAIRE.

Tribunal civil. MM. Moulion, président; Gacougnolle, juge; Rousselle, juge d'instruction; Louineau et Petiteau ✻, juges suppléants; Brault, procureur impérial; Jolly, substitut; Mercier, greffier; G. Desvantes et Raguet, commis-greffier.

Avocats. MM. Guarin, Louineau, Petiteau ✻, Mercier.

Avoués. MM. Germain, C. Mercier, Boizard, Epaud et Chappot.

Huissiers. MM. Michaud, Audrin et Puiroux.

Justice de Paix. MM. Dorion, juge de paix; Ch. Mercier et Boizard, suppléants; Baudrouet, greffier.

Notaires. MM. Lécrivain, Barreau et Goulipaud.

COMMERÇANTS ET INDUSTRIELS

DE LA VILLE DES SABLES

Appartements garnis.

Perrocheau, Guillet, Bourdin, Joullot, Groleau, Morineau, Dubois, Mme Naulet, Belle, Duvergé, Groisard, D'hastrel, Mme Trouvé, Péché, Bouget, Biclet, Mme Naud, Fusiller, Mlle Brossaud, Mme Servanteau, Mme Audubon, Mme Hervaux, Mme v^e Bertin, Me Thouzeau, Mme Postaire, Mme v^e Didelot, Mme v^e Ardor, Bourreau, Jouas, Mme leBlanc, Baudrouet, Charles Baradeau, Carmagnac, Mme Dupont, Mme Roy, Mme Cantin, Mme Moïse Ravon, Joseph Lorilland, Joseph Gazan, Mme v^e Ballet.

Aubergistes.

Duval, Ve Renou, Ve Pitre, Seguin.

Bains (entrepreneurs de).

Dubois, Morineau, Groleau, Musseau.

Bijoutiers.

Maingaud, Buffet.

Bouchers.

Remaud, Bertret, Me Bertret, Vivien, Grousset.

Boulangers.

Roux, Boisard, Dahlipyl, Laidet, Glénereau, Favalier, Ravon, Clot, Durand, Baudrouet, Gustreau.

Cafetiers.

Dupuy, Bellaton, Loizeau.

Chapeliers.

Guéry, Maisonneuve Mourailleau.

Charcutiers.

Gobert, Bordet.

Confiseurs-Pâtissiers.

Alder, Boisard, Ve Schonenberger.

Coiffeurs-Parfumeurs.

Fouché, Lecourant, Loizeau, Machard, Audrin.

Cordonniers-Bottiers.

Moreau, L'hommeou, Foucaud Bruneteau, Mme v^e Doussier.

Coutelier.

Pouzin.

Couturières en robes.

Mmes Blay, Godichard.

Chapeliers.

Guéry, Maisonneuve, Mourailleau.

Epiciers.

Besnard, His, David, Mme v^e Mourailleau, Guinement, Mlle Arnaud, Mmes Girard, Chaillot, Raffaneau, Boivin, Morisson, Draillard, v^e Morneau.

Faïenciers.
Mme Mourailleau, Mme Herveau, Lamour-Robert.

Hôtels (maîtres d')
Dupuy, (France), Poiraud, (Chev.-Bl.), Dupuy, (Grand-Hôtel), Billaud, (Boule-d'Or)

Huîtres (marchand d')
Mme ve Thébault, Lecourant.

Horlogers.
Collineau, Chaillot, Millet, Buffet.

Jardiniers.
Louis Bessonnet, François Bessonnet.

Jouets (marchand de)
Bossu.

Libraires-Papetiers.
Bossu, Lambert, imprimeur.

Lingerie et ganterie (mdes de).
Vidy, Foucher, Lecourant.

Médecins.
Benoist, Bouhier, Maudet, Petiteau.

Menuisiers.
Duvergé, Courvoisier, Proust, Geay, Borgnet, Sochard, Naud.

Merciers.
Vidy, Foucher, Ferrand.

Modistes.
Loizeau, Lecourant, Bertrand.

Négociants.
Burgaud, Collineau, Barreteau, Soize, Penard.

Nouveautés (marchds de)
Pelisson et Chirouze, Rongier, Brémaud, Baudrouet, Bernier.

Navires (constructeurs de)
Chaigneau, Nouleau.

Parapluies (marchds de)
Pouzin, Mme ve Rhodez.

Pharmaciens.
Letard, Odin, Rouillé, Foucaud.

Quincailliers.
Giret, ve Foucher.

Relieur.
Bossu.

Sabotiers.
Hullin, Pothier, Fontaine.

Sages-Femmes.
Mmes Fourny, ve Ozanne, Monneron et Jamid.

Selliers-Carossiers.
Bouron, ve Chainay, Guilbaud, Baillon.

Serruriers.
Mignier, Henri Bonnin, Aimé Bonnin.

Tabacs. (marchds de)
Mme Manseau, Mlle Robin, Lauret, Mme ve Leroy.

Tailleurs.
Bruneteau, Moussion, Audrin, Meusnier, Giraudeau, Boriès et Machard.

PRIX DES PLACES DE PARIS.			NOMS DES STATIONS	POSTE MIXTE 1, 2, 3 class.	OMNIBUS MIXTE 1, 2, 3 cl.	OMNIBUS MIXTE 1, 2, 3 class.
1re cl.	2e cl.	3e cl.				
			PARIS........départ.	soir 8 50		soir 11 15
			ANGERS......départ.	matin 4 23		matin 10 46
			NANTES......arrivée.	matin 6 9		soir 1 43
			LORIENT.....départ.			matin 5 40
			NANTES......arrivée.			soir 12 26 / soir 12 53
			NANTES......départ.	matin 6 39		soir 1 55
			NAPOLÉON-V..arriv.	matin 8 43		soir 5 39
			NAPOLÉON-V....dép.	matin 8 58	soir 12 55	soir 5 54
56 10	42 10	39 85	LES CLOUZEAUX......	9 16	2 13	6 12
57 10	42 85	31 40	LA MOTHE-ACHARD...	9 35	2 32	6 31
58 35	43 80	32 10	OLONNE.............	9 55	2 52	6 51
59 55	44 70	32 75	LES SABLES..arriv.	10 6	3 3	7 2
60 25	45 20	33 15				

PRIX DES PLACES PAR SECTION.			NOMS DES STATIONS	OMNIBUS MIXTE 1, 2, 3 class.	OMNIBUS MIXTE 1, 2, 3 cl.	POSTE MIXTE 1, 2, 3 class.
1re cl.	2e cl.	3e cl.				
»	»	»	LES SABLES....dép.	matin 7 30	matin 10 21	soir 3 48
» 80	» 60	» 45	OLONNE.............	7 42	10 33	3 30
1 90	1 45	1 05	LA MOTHE-ACHARD...	8 4	10 55	3 52
3 15	2 35	1 70	LES CLOUZEAUX......	8 23	11 14	4 11
4 15	3 10	2 30	NAPOLÉON-V...arr.	8 44	11 35	4 32
			NAPOLÉON-V...dép.	matin 9 »		soir 4 45
			NANTES......arrivée.	soir 12 41		soir 6 55
			NANTES......départ.	soir 2 »	soir 4 37	soir 7 45
			LORIENT....arrivée.	soir 9 28		soir 10 15
			NANTES......départ.	soir 1 5		
			ANGERS......arrivée.	soir 3 54		
			PARIS........arrivée.	matin 3 24		

PRIX DES PLACES DE NANTES			NOMS DES STATIONS	POSTE MIXTE 1, 2, 3 class.	MARCH⁽ˢ⁾ MIXTE 1, 2, 3 cl.	OMNIBUS MIXTE 1, 2, 3 class
1ʳᵉ cl.	2ᵉ cl.	3ᵉ cl.				
			NANTES......départ	matin 6 30	1 55	soir 7 40
			Vertou.............	6 43	2 15	7 55
			La Haie-Fouassière.	6 55	2 35	8 9
			Le Pallet..........	7 4	2 51	8 20
			Clisson............	7 21	3 22	8 39
			Montaigu-Vendée....	6 42	4 1	9 4
			L'Herbergement.....	7 59	4 29	9 23
			Belleville-Vendée..	8 21	5 6	9 49
8 43	6 32	4 65	NAPOLÉON-V....arr.	matin 8 43	5 39	10 15

PRIX DES PLACES DE NAPOLÉON			NOMS DES STATIONS	OMNIBUS MIXTE 1, 2, 3 class.	MARCH⁽ˢ⁾ MIXTE 1, 2, 3 cl.	POSTE MIXTE 1, 2, 3 class.
1ʳᵉ cl.	2ᵉ cl.	3ᵉ cl.				
			NAPOLÉON-V..départ	matin 6 30	matin 7 40	soir 4 45
			Belleville-Vendée..	6 53	8 22	5 5
			L'Herbergement	7 19	9 6	5 27
			Montaigu-Vendée....	7 41	9 44	5 43
			Clisson............	8 4	10 32	6 6
			Le Pallet..........	8 20	11 3	6 20
			La Haie-Fouassière.	8 29	11 20	6 28
			Vertou.............	8 43	11 45	6 40
4 43	6 32	4 65	NANTES......arrivée	9 1	12 5	6 55

IMPRIMERIE Vᵉ IVONNET

Rues Lafayette et de la Préfecture
A NAPOLÉON-VENDÉE

Labeurs. — Factures. — Lettres de mariage, de décès, de naissance. — Cartes de visite. — Têtes de lettres. — Circulaires. — Registres. — Prix-Courants. — Affiches, etc., etc.

LE PUBLICATEUR, journal politique du département de la Vendée, paraissant deux fois par semaine, le jeudi matin et et le dimanche matin. — 15 fr. par an pour le département, 18 fr. hors le département.

ALMANACH GÉNÉRAL LE VENDÉEN, le mieux renseigné et le plus répandu du département de la Vendée, contenant toutes les administrations, les membres du clergé, les maires, les instituteurs, etc., les foires du département et des départements limitrophes.

E. BIZIÈRE

PAPETIER, RELIEUR ET LIBRAIRE

Rue de la Mairie, à Napoléon-Vendée

On trouve dans ce Magasin un assortiment de tout ce qui concerne la Papeterie, les Fournitures de bureaux, Boites et Cartonnages, Registres de toutes dimensions et Réglures d'après demandes ; Livres classiques et pour prix ; Paroissiens romains à l'usage du diocèse, reliures ordinaires jusqu'aux ivoires les plus riches.

Grand assortiment de tous Articles pour fleurs : Bouquets d'églises, de mariées, fleurs pour chapeaux et soirées.

Gravures en tous genres et un joli choix d'Articles de fantaisie.

Commission en Librairie.

AU COIN DE RUE

DRAPERIES ET NOUVEAUTÉS

MAISON EUG. FOUCHEREAUX
A NAPOLÉON-VENDÉE

En face de la Poissonnerie

Tissus en tous genres. — Spécialité pour mariages. — Confections pour hommes sur mesure. — Fabrique de blouses. — Confection de chemises. — Dépôts de sacs et bâches. — Couvertures. — Crins et laines à matelas. — Coton et fil. — Articles pour deuil et demi-deuil. — Etoffe pour divers ordres religieux, etc., etc.

Cette Maison ayant peu de frais à supporter, peut offrir tous ces Articles aussi bon marché que Paris.

MAISON DES 100,000 PALETOTS

VENTE A PRIX FIXE

A. BARBOTIN
Place Napoléon, à Napoléon-Vendée

Grand choix de Vêtements confectionnés pour hommes et jeunes gens, tels que paletots, habits, redingotes, macfarlamins, cabans, robes de chambre, pantalons et gilets, dans tous les genres et dans tous les prix. Le tout sort des meilleures maisons de Paris.

A ce Magasin de confection est joint un très-grand choix de Draperies unies et façonnées, haute nouveauté, pour la confection sur mesure.

AUX SABLES-D'OLONNE

GRAND HOTEL DE LA PLAGE

ÉTABLISSEMENT DE PREMIER ORDRE

CRÉÉ PAR

ALPHONSE DUPUY

Au milieu de la Plage, au centre du commerce, près le tribunal de commerce, touchant la poste aux lettres, le bureau télégraphique. — Table d'hôte et salons particuliers. — Salons de compagnie. — Pianos. — Omnibus spécial desservant tous les trains du chemin de fer.

PRIX MODÉRÉS.

HOTEL
DU
CHEVAL-BLANC

Aux Sables-d'Olonne

TENU PAR POIRAUD

Cet Hôtel, très-bien situé au centre des affaires commerciales, près le Port et le Marché, vient d'être entièrement remis à neuf, et offre à MM. les voyageurs et aux baigneurs toutes les commodités possibles. — Chambres et appartements de famille, très-confortablement meublés. — Tables d'hôte des mieux servies. — Salons particuliers. — Bureau de la voiture de Challans. — Vastes écuries et remises.
Une entrée donne sur la rue de la Mairie.

PRIX TRÈS-MODÉRÉS.

TABLE DES MATIÈRES

Préface. III
I. Histoire sommaire du département de la Vendée 7
II. Géographie sommaire de la Vendée. 9
III. Notice historique sur la ville des Sables. . . . 19
IV. Travaux du port des Sables. , ... 43
V. Notice sur le port des Sables-d'Olonne. . . . 52
VI. Notice sur le phare des Barges. 58
VII. Créosotage du bois pour sa conservation et sa préservation des attaques du taret. . . . 67
VIII. Chemins de fer de la Vendée. 73
IX. Origine des bains de mer. , ... 75
X. Hygiène des bains de mer. 86
XI. Légende des Fontenelles. 166
XII. L'Océan, poésie. 173
XIII. Notions utiles. 178
    Administrations des Sables. 188
    Commerçants et Industriels des Sables. . . 191
    Annonces. 193

Napoléon, imp. vᵉ Ivonnet, rue Lafayette.

www.ingramcontent.com/pod-product-compliance
Lightning Source LLC
Chambersburg PA
CBHW071948110426
42744CB00030B/646